3 REIN INS FÖRMCHEN!

Rund, eckig, oval, hoch, flach oder klein, aus Glas, Steinzeug, Porzellan oder Metall – Auflaufformen gibt es in unterschiedlichsten Ausführungen. Eine Auswahl an Formen und deren Eigenschaften finden Sie auf Seite 4.

4 DRUNTER UND DRÜBER

Aufläufe werden erst durch ihr leckeres Topping zu einem kulinarischen Highlight. Und dabei sind der Fantasie keine Grenzen gesetzt, ob eine knackige Chipskruste oder würzige Croûtons. Auch bei den süßen Aufläufen sind die Varianten endlos. Auf den Seiten 44 finden Sie die herzhaften und auf den Seiten 72 die süßen Toppings.

AUFLÄUFE

DIE BESTEN REZEPTE

E = EINFACH

Wenige Zutaten, die nicht zu teuer und möglichst nicht zu ausgefallen sind. Einfache, übersichtliche und vor allem verständliche Rezepte.

A = ANFÄNGER

Die Rezepte sind technisch nicht zu anspruchsvoll und sind somit auch für Anfänger geeignet. Viele Anregungen inspirieren jedoch auch den schon erfahrenen Koch.

S = SCHNELL

Alltagstaugliche Rezepte, die auch ohne viel Zeitaufwand und Stress schnell zu meistern sind. Ganz nach dem Motto: Schnell zum Genuss.

Y = YUMMY

Gute Mischung aus Klassikern und Trendthemen. Raffinierte, aber trotzdem unkomplizierte Rezepte, die einfach schmecken.

 **ZUBEREITUNGSZEIT:** Wie viel Zeit Sie fürs Vorbereiten, Schnippeln oder Rühren benötigen, verbirgt sich hinter diesem Symbol.

 **GAR- UND WARTEZEIT:** Die kleine Stoppuhr verrät Ihnen, wie lange das Gericht kocht, schmort oder in den Ofen muss.

♥ **Besonders lecker**

💡 **Einfach clever**

★ **Unser Tipp**

🔁 **Unsere Variante**

INHALT

KAPITEL 01

MIT GEMÜSE

SEITE 7

KAPITEL 02

MIT FLEISCH & FISCH

SEITE 33

KAPITEL 03

SÜSSE AUFLÄUFE

SEITE 61

REZEPTREGISTER

SEITE 86

KLEINE FORMENLEHRE

Bei der Zubereitung von Aufläufen spielt die richtige Auflaufform eine entscheidende Rolle. Runde Formen werden gern für Gratins verwendet, eckige eignen sich besonders gut für Schichtspeisen wie Lasagne. Auch die Materialien besitzen verschiedene Eigenschaften, die sie je nach Gericht und Nutzungswunsch unterschiedlich geeignet machen.

Keramik/Porzellan

Keramik- und Porzellanformen sind wahre Multitalente: Sie haben gute Wärmeeigenschaften und sind leicht zu reinigen (dabei unbedingt vorher informieren, ob nur mit der Hand oder dem Geschirrspüler gespült werden darf). Da es sie auch noch in vielen Farben und Designs gibt, machen sie beim Servieren eine besonders gute Figur.

Glas

Glasformen sind hitzebeständig und unempfindlich in der Handhabung. Deshalb kann man sie auch problemlos im Geschirrspüler reinigen, in der Mikrowelle erhitzen oder zum Tiefkühlen von Gerichten verwenden. Durch ihre Transparenz kann man nicht nur den Garvorgang im Ofen genauer beobachten, sondern kann auch optisch punkten, wenn die vielen Schichten oder bunten Zutaten des Auflaufs beim Servieren sichtbar sind.

Metall/Edelstahl

Auflaufformen aus Metall oder Edelstahl – oft mit Antihaftbeschichtung – haben den Vorteil der Wärmeleitung, das bedeutet, dass sie die Wärme zwar nach dem Herausnehmen aus dem Ofen nicht so lange halten wie Glas oder Keramik, dafür verkürzt sich die Garzeit im Ofen, da die Form die Wärme schneller weiterleitet. Auch sind diese Auflaufformen bruchfest, und da es sie oft in großen Größen gibt, eignen sie sich ideal für Familien und wenn Besuch kommt. Die Oberflächen der Metall- oder Edelstahlformen sind empfindlicher als Glas oder Keramik, und nicht jede Form ist spülmaschinengeeignet.

Gusseisen

Gusseiserne Auflaufformen haben die besten Wärmeeigenschaften, da die Wärme gut verteilt und gespeichert wird. Somit wird der Auflauf nicht nur gleichmäßig gar, sondern bleibt auch außerhalb des Ofens noch lange warm. Sie sind robust und je nach Modell auch antihaftend. Die Reinigung unterscheidet sich je nach Modell zwischen Abwasch mit der Hand und spülmaschinengeeignet.

GEWUSST WIE
KLEINE, SCHLAUE KÄSEKUNDE

Gouda
ist erkennbar durch seine goldgelbe Farbe und ausgewogene Durchlöcherung. Je nach Reifegrad reicht sein Aroma von mild bis würzig. Zum Überbacken eignet er sich aufgrund seines Fettgehalts von 48 % sehr gut.

Emmentaler
ist ein Hartkäse und hat einen mild-nussigen Geschmack. Durch seinen Fettanteil von 45 % schmilzt er besonders gut. Sein Markenzeichen sind die großen Löcher. Der Käse schmeckt vor allem Kindern sehr gut, da er nicht zu würzig ist.

Mozzarella
gehört zu den liebsten Käsesorten zum Überbacken. Durch seinen hohen Fettanteil schmilzt er sehr gut. Der Geschmack der italienischen Spezialität ist säuerlichmild.

Parmesan
ist eine italienische Käsespezialität und gibt mediterranen Aufläufen durch seine Würze eine ganz eigene Finesse. Beim Kauf sollten Sie beachten, je älter der Käse, desto intensiver der Geschmack.

Feta
ist ein griechischer Käse, der aus Schaf- und Ziegenmilch besteht und in einer Salzlake reift. Sein Geschmack ist sehr salzig und säuerlichwürzig. Daher sollten Sie Ihren Auflauf nur sparsam mit Salz würzen, falls Sie ihn mit Feta überbacken wollen.

KÄSE

Käse ist das i-Tüpfelchen auf jedem Auflauf. Probieren Sie alle Sorten einmal aus und finden Sie Ihren Lieblingskäse!

Cheddar
reicht geschmacklich von mild-sahnig bis herzhaft-intensiv. Je nach Reifegrad variiert auch die Konsistenz von sahnig bis hartbrüchig. Cheddar wird vor allem für englische Auslaufgerichte wie z.B. Shepherd's Pie verwendet.

Weichkäse
kann Aufläufen je nach Reifegrad einen ganz besonderen Geschmack geben. Gängige Sorten sind z.B. Camembert, Ziegenweichkäse oder Blauschimmelkäse. Je nach Würze des Käses sollten Sie darauf achten, Ihren Auflauf mehr oder weniger zu salzen.

Bergkäse
ist ein Hartkäse, der, wie es der Name schon verrät, in Alpenregionen hergestellt wird. Das Besondere ist sein würziger Geschmack.

01

MIT GEMÜSE

SPINATLASAGNE
MIT ZUCCHINI

ZUBEREITUNG
🥄 30 MIN.   ⏱ 40 MIN.

01. Den Spinat in einem Sieb auftauen lassen. Den Back-ofen auf 200 °C vorheizen. Die Zwiebel und den Knoblauch schälen und im Blitzhacker fein zerkleinern. Das Olivenöl in einer Pfanne erhitzen, Zwiebel und Knoblauch darin andünsten.

02. Die getrockneten Tomaten im Blitzhacker zerkleinern. Den Ricotta dazugeben und mit den Tomaten pürieren, dann Zwiebel und Knoblauch untermischen. Die Ricottamasse mit Salz und Pfeffer würzen.

03. Die Cocktailtomaten waschen und in dünne Scheiben schneiden. Die Zucchini putzen, waschen und auf dem Ge-müsehobel längs in dünne Scheiben schneiden. Den Mozza-rella abtropfen lassen und mit den Fingern fein zerzupfen.

04. Eine Auflaufform (ca. 23 × 16 cm) mit Backpapier aus-legen. 3 Lasagneblätter in die Form legen, die Hälfte der Ricottamasse darauf verteilen, mit je der Hälfte Zucchini-scheiben, Spinat, Cocktailtomaten und Mozzarella belegen. Die restlichen Lasagneblätter daraufgeben und die übrigen Zutaten ebenso einschichten. Die Lasagne im Ofen auf der mittleren Schiene 40 Minuten backen.

ZUTATEN
FÜR 2 PERSONEN

+ **225 g TK-Blattspinat**
+ **1 rote Zwiebel**
+ **2 Knoblauchzehen**
+ **1 TL Olivenöl**
+ **50 g getrocknete Soft-Tomaten**
+ **250 g Ricotta**
+ **Salz**
+ **Pfeffer aus der Mühle**
+ **50 g Cocktailtomaten**
+ **1–2 Zucchini (ca. 300 g)**
+ **1 Kugel Mozzarella (125 g)**
+ **6 Lasagneblätter**

ROTE-BETE-STECKRÜBEN-AUFLAUF
MIT APFEL UND CHEDDAR

ZUBEREITUNG
🥄 **30 MIN.**　⏱ **50 MIN.**

01.　Den Backofen auf 190 °C vorheizen.

02.　Rote Beten und Steckrüben schälen und in dünne Scheiben schneiden. Große Scheiben vierteln. Die Äpfel schälen, vierteln, entkernen und in Würfel schneiden. Zwiebeln und Knoblauch schälen und in feine Würfel schneiden.

03.　Honig und Marmelade in eine Pfanne geben. Äpfel, Zwiebeln und Knoblauch darin bei mittlerer Hitze 5 bis 6 Minuten andünsten. Mit Koriander, Salz und Pfeffer würzen. Ein Drittel des Fonds dazugeben und alles weitere 5 bis 6 Minuten köcheln lassen. Herausnehmen und beiseitestellen.

04.　Die Ränder einer ofenfesten Form mit Butter einfetten und die Gemüsescheiben abwechselnd dachziegelartig einschichten. Die Apfel-Zwiebel-Mischung darauf verteilen. Mit dem Käse bestreuen und den restlichen Fond angießen. Den Auflauf im Ofen 40 bis 45 Minuten backen. Zwischendurch den Gargrad des Gemüses testen und, falls nötig, den Auflauf mit Alufolie abdecken, um ein Anbrennen zu verhindern.

🔄　*Statt Steckrüben kann man auch 500g festkochende oder überwiegend festkochende Kartoffeln verwenden.*

ZUTATEN
FÜR 4 PERSONEN

+ **500 g große Rote Beten**
+ **500 g Steckrüben**
+ **2 feste Äpfel**
+ **2 Zwiebeln**
+ **2 Knoblauchzehen**
+ **2 EL Honig**
+ **2 EL Orangenmarmelade**
+ **½ TL Korianderpulver**
+ **Salz**
+ **Pfeffer aus der Mühle**
+ **400 ml Gemüsefond**
+ **Butter für die Form**
+ **100 g milder Cheddar, gerieben**

SHAKSHUKA
MIT ZIMT

ZUBEREITUNG
🌿 15 MIN.   ⏱ 45 MIN.

01. Den Backofen auf 190 °C Umluft vorheizen.

02. Die Tomaten mit Saft auf ein Blech gießen. Die Paprika-schoten längs halbieren, entkernen, waschen und klein schneiden. Zwiebel und Knoblauch schälen und in feine Würfel schneiden. Das Olivenöl in einem Topf erhitzen und Zwiebel, Knoblauch und Paprikastücke darin 5 Minuten anbraten. Das Tomatenmark gut unterrühren und alles unter die Tomaten mischen. Die Gewürze mischen und unter das Gemüse rühren.

03. Das Gemüse im Ofen etwa 20 Minuten backen. Das Blech herausnehmen und mit einem Esslöffel acht Mulden in die Tomatenmasse drücken. In jede Mulde 1 Ei schlagen. Das Eiweiß mit einer Gabel vorsichtig unter die Tomaten mischen. Die Schakschuka mit Alufolie bedecken und wei-tere 25 Minuten im Ofen backen, bis die Eier fest sind.

04. Die Petersilie waschen und trocken schütteln, die Blätter abzupfen und fein hacken. Die Petersilie über die fertige Schakschuka streuen. Mit Fladenbrot oder knusprigem Ba-guette servieren.

ZUTATEN
FÜR 4 PERSONEN

+ **1 kg geschälte Tomaten (aus der Dose)**
+ **2 rote Paprikaschoten (ersatzweise 1 Glas geschälte Paprikaschoten)**
+ **1 Metzgerzwiebel**
+ **2 Knoblauchzehen**
+ **3 EL Olivenöl**
+ **1 Tube Tomatenmark**
+ **1 EL Kreuzkümmelpulver**
+ **1 TL Zimtpulver**
+ **1 EL Zucker**
+ **1 EL Paprikapulver (edelsüß)**
+ **Chiliflocken (nach Belieben)**
+ **Salz**
+ **Pfeffer aus der Mühle**
+ **8 Eier**
+ **1 Bund Petersilie**

TOMATEN-PFIFFERLING-GRATIN
MIT KNUSPERKRUSTE

ZUBEREITUNG
🌱 30 MIN.   ⏱ 30 MIN.

01. Den Backofen auf 200 °C (Umluft mit Oberhitze) vorheizen. Den Lauch putzen, waschen und in einem großen Topf in kochendem Salzwasser 8 bis 10 Minuten garen. Den Lauch herausnehmen, gut abtropfen lassen und längs halbieren. Die Stangen dabei aber nicht auseinandernehmen.

02. Eine ofenfeste Form mit 1 EL Olivenöl einfetten und die Lauchstangen hineinlegen. Den Knoblauch schälen und in grobe Stücke schneiden. Die Frühlingszwiebeln putzen, waschen und in feine Ringe schneiden.

03. In einer Pfanne 2 EL Olivenöl und 1 EL Butter erhitzen und den Knoblauch darin hellbraun anbraten. Die Frühlingszwiebeln dazugeben und alles 2 Minuten leicht anbraten. Tomaten, Zucker sowie Thymian, Rosmarin, Petersilie und das Lorbeerblatt hinzufügen. Mit Salz, Pfeffer, Zitronensaft sowie Chili abschmecken und alles 4 bis 5 Minuten dünsten.

04. Die Zwiebel schälen und in grobe Stücke schneiden. Die Pfifferlinge putzen, trocken abreiben und in einer zweiten Pfanne im restlichen Olivenöl anbraten. Die Pilze mit Salz würzen, die Zwiebel hinzufügen und kurz mitbraten. Mit Muskatnuss und Pfeffer würzen.

05. Die Petersilie waschen, trocken schütteln, die Blätter abzupfen und grob hacken. Die Petersilie zu den Pilzen geben und 2 bis 3 Minuten mitdünsten. Die Pfifferlinge über die Lauchstangen geben und alles mit der Tomatenmischung bedecken.

06. Den Parmesan in einer Schüssel mit der restlichen weichen Butter verrühren, die Weißbrotbrösel und die Kräuter der Provence untermischen. Die Parmesan-Brösel-Mischung auf dem Auflauf verteilen und im Ofen auf der mittleren Schiene etwa 30 Minuten überbacken.

ZUTATEN
FÜR 4 PERSONEN

+ **4 Stangen Lauch**
+ **Salz**
+ **5 EL Olivenöl**
+ **3 Knoblauchzehen**
+ **2 Frühlingszwiebeln**
+ **2 EL weiche Butter**
+ **500 g stückige Tomaten (aus der Dose)**
+ **1 TL Zucker**
+ **2 TL getrockneter Thymian**
+ **½ TL getrockneter Rosmarin**
+ **2 TL getrocknete Petersilie**
+ **1 Lorbeerblatt**
+ **Pfeffer aus der Mühle**
+ **etwas Zitronensaft**
+ **½ TL getrocknete Chiliflocken**
+ **1 Zwiebel**
+ **240 g frische Pfifferlinge**
+ **½ TL frisch gemahlene Muskatnuss**
+ **½ Bund Petersilie**
+ **50 g Parmesan, gerieben**
+ **3 EL Weißbrotbrösel**
+ **2 TL Kräuter der Provence**

GRÜNE LASAGNE
MIT WALNUSSHAUBE

ZUBEREITUNG
🥄 15 MIN.   ⏱ 25 MIN.

01. Den Backofen auf 200 °C vorheizen. Die Zucchini putzen, waschen und auf dem Gemüsehobel der Länge nach in Scheiben schneiden. 1 EL Olivenöl mit Salz, Pfeffer und den Kräutern der Provence verrühren. Die Zucchinischeiben mit der Öl-Kräuter-Mischung bestreichen.

02. Das Basilikum waschen und trocken schütteln, einige Blätter abzupfen und für die Deko beiseitelegen. Das restliche Basilikum mit den Oliven grob hacken und mit dem Frischkäse vermengen, die Masse mit Pfeffer würzen.

03. Die Zucchinischeiben und die Olivencreme abwechselnd in eine Auflaufform (etwa 25 × 20 cm) schichten, dabei mit einer Schicht Olivencreme abschließen. Die Semmelbrösel mit Nüssen und Paprikaflocken vermischen. Die Bröselmischung gleichmäßig auf dem Auflauf verteilen und mit dem übrigen Olivenöl beträufeln. Die Lasagne im Ofen auf der mittleren Schiene etwa 25 Minuten backen. Mit den beiseitegelegten Basilikumblättern garnieren.

🔁 *Man kann die gemahlenen Walnüsse auch durch Haselnüsse oder Mandeln ersetzen oder die Semmelbröselsorte verändern. Variieren Sie nach Ihrem Geschmack und finden Sie Ihre „Lieblingshaube".*

**ZUTATEN
FÜR 2 PERSONEN**

+ **2 Zucchini (ca. 500 g)**
+ **4 EL Olivenöl**
+ **Salz**
+ **Pfeffer aus der Mühle**
+ **1 EL Kräuter der Provence**
+ **1 Bund Basilikum**
+ **50 g grüne Oliven (ohne Stein)**
+ **150 g körniger Frischkäse**
+ **60 g Vollkornsemmelbrösel**
+ **20 g gemahlene Walnusskerne**
+ **1 TL getrocknete Paprikaflocken (ersatzweise edelsüßes Paprikapulver)**

UNSER LIEBLING

AUBERGINENAUFLAUF
MIT PARMESAN UND MOZZARELLA

ZUBEREITUNG
🥄 **40 MIN.** ⏱ **1 STD. 30 MIN. + 40 MIN. BACKZEIT**

01. Für die Tomatensauce den Knoblauch schälen und andrücken. Die Chilischote längs halbieren, entkernen, waschen und in kleine Würfel schneiden. Das Olivenöl in einem Topf erhitzen und den Knoblauch darin bei mittlerer Hitze 2 bis 3 Minuten andünsten. Chili und Tomaten hinzufügen und mit Salz und Pfeffer würzen. Die Tomatensauce einkochen lassen – das dauert je nach gewünschter Konsistenz 1 bis 1½ Stunden. Nach Belieben die Sauce mit dem Stabmixer noch fein pürieren.

02. Für den Auflauf die Auberginen putzen, waschen, quer in etwa 1 cm dicke Scheiben schneiden und beidseitig kräftig salzen. Die Scheiben 10 bis 15 Minuten Wasser ziehen lassen.

03. Die Auberginen mit Küchenpapier trocken tupfen. In einer beschichteten Pfanne etwas Olivenöl erhitzen und die Auberginen darin portionsweise jeweils 3 bis 4 Minuten auf beiden Seiten goldbraun braten. Herausnehmen, auf Küchenpapier abtropfen lassen. Den Backofen auf 170 °C vorheizen. Eine große Auflaufform (etwa 30 × 40 cm) mit dem restlichen Olivenöl ausstreichen. Das Basilikum waschen und trocken schütteln, die Blätter abzupfen und grob schneiden. Den Mozzarella in Scheiben schneiden.

04. Den Boden der Form mit Auberginenscheiben auslegen. Etwas Tomatensauce darüber verteilen und mit Parmesan, Basilikum und Pfeffer bestreuen. Ein paar Mozzarellascheiben darauflegen. So weiterverfahren, bis alle Zutaten verbraucht sind. Abschließend den restlichen Parmesan daraufstreuen. Den Auberginenauflauf im Ofen auf der mittleren Schiene 30 bis 40 Minuten goldbraun backen.

**ZUTATEN
FÜR 4 PERSONEN**

FÜR DIE TOMATENSAUCE:
+ **3 Knoblauchzehen**
+ **1 Chilischote**
+ **6 EL Olivenöl**
+ **3 kleine Dosen Tomaten (à 400 g)**
+ **Salz**
+ **Pfeffer aus der Mühle**

FÜR DEN AUFLAUF:
+ **4 Auberginen**
+ **Salz**
+ **10 EL Olivenöl**
+ **2 Bund Basilikum**
+ **4 Kugeln Mozzarella (à 125 g)**
+ **400 g Parmesan, gerieben**
+ **Pfeffer aus der Mühle**

KARTOFFELAUFLAUF
MIT BUNTEM GEMÜSE

ZUBEREITUNG 🌱 1 STD. ⏱ 30 MIN.

01. Den Backofen auf 180 °C vorheizen. Die Kartoffeln in der Schale gründlich waschen und in Salzwasser 20 Minuten garen – sie dürfen noch etwas fest sein. Dann die Kartoffeln abgießen, ausdampfen lassen und möglichst heiß pellen.

02. Inzwischen die Bohnen putzen, waschen und in kochendem Salzwasser 2 Minuten blanchieren. In ein Sieb abgießen, kalt abschrecken und abtropfen lassen. Die Paprika längs halbieren, entkernen, waschen und in schmale Streifen schneiden. Die Zucchini putzen, waschen und in dünne Scheiben schneiden.

03. Die Kartoffeln in dicke Scheiben schneiden und mit dem vorbereiteten Gemüse in eine gefettete Auflaufform schichten. Die Sahne mit Ei, Tomatenmark, Kräutern und der Hälfte des Parmesans verquirlen und den Guss mit Salz und Pfeffer würzen. Über das Gemüse gießen und alles mit dem restlichen Parmesan bestreuen.

04. Den Auflauf im Ofen auf der mittleren Schiene etwa 30 Minuten garen. Dabei gegen Ende der Garzeit mit Alufolie abdecken, damit die Kruste nicht zu stark bräunt. Den Auflauf aus dem Ofen nehmen und vor dem Servieren kurz abkühlen lassen.

ZUTATEN FÜR 2 PERSONEN

+ 250 g festkochende Kartoffeln
+ Salz
+ 150–200 g grüne Bohnen
+ 1 rote Paprikaschote
+ je 1 gelbe und grüne Zucchini (à ca. 100 g)
+ 200 g Sahne
+ 1 Ei
+ 1 EL Tomatenmark
+ 1 TL getrocknete Kräuter der Provence
+ 30 g Parmesan, gerieben
+ Pfeffer aus der Mühle
+ Fett für die Form

HIRSEAUFLAUF
MIT MANGOLD

ZUBEREITUNG 🌿 1 STD. ⏱ 20 MIN.

01. Das Öl in einem Topf erhitzen, die Hirse hinzufügen und kurz mit dem Öl verrühren. Die Brühe dazugießen und aufkochen, die Hirse zugedeckt bei schwacher Hitze 15 Minuten garen.

02. Inzwischen den Mangold putzen, waschen und in kochendem Salzwasser 1 Minute blanchieren. In ein Sieb abgießen, kalt abschrecken und abtropfen lassen. Die Petersilie waschen und trocken schütteln, Blätter abzupfen und fein hacken. Den Schinken in Streifen schneiden.

03. Den Backofen auf 200 °C vorheizen. Die Auflaufform einfetten. Die Hirse in einer Schüssel mit Mangold, Petersilie und Schinken mischen. Die Eier trennen. Die Eigelbe mit dem Schmand verquirlen, mit Muskatnuss, Salz und Pfeffer würzen und unter die Hirsemasse mischen. Die Eiweiße mit 1 Prise Salz steif schlagen und den Eischnee vorsichtig unter die Hirsemasse heben.

04. Die Masse in der Form verteilen und den Gorgonzola darüberzupfen. Den Auflauf im Ofen auf der mittleren Schiene etwa 20 Minuten garen. Herausnehmen und vor dem Servieren kurz abkühlen lassen.

**ZUTATEN
FÜR 2 PERSONEN**

+ 2 EL Knoblauchöl
  (ersatzweise Olivenöl)
+ 225 g Hirse
+ ¼ l Hühnerbrühe
+ 200 g Blattmangold
+ Salz
+ 1 Bund Petersilie
+ 100 g gekochter Puten-
  schinken (in Scheiben)
+ 2 Eier
+ 100 g Schmand
+ frisch geriebene Muskatnuss
+ Pfeffer aus der Mühle
+ 150 g Gorgonzola
  (mild oder herzhaft)
+ Fett für die Form

KÜRBISGRATIN
MIT KÄSECREME

ZUBEREITUNG
🥄 **25 MIN.** ⏱ **1 STD.**

01. Für die Käsecreme Sahne und Milch in einem Topf erhitzen. Den Topf von der Kochstelle nehmen. Käse würfeln, unter den Sahne-Milch-Mix mischen und ziehen lassen.

02. Für das Gemüse Lauch putzen, gründlich waschen, abtropfen lassen und in feine Ringe schneiden. Champignons putzen, falls nötig, trocken abreiben und in Scheiben schneiden. Knoblauch schälen und in Scheiben schneiden.

03. Das Öl in einer Pfanne erhitzen. Die Pilze darin bei starker Hitze unter Wenden kräftig anbraten. Lauch und Knoblauch hinzugeben und unter Wenden etwa 1 Minute anbraten. Mit Salz, Pfeffer und Muskat würzen.

04. Den Käse-Mix kräftig durchrühren. Eier und Speisestärke gut unterrühren. Mit Pfeffer und evtl. noch etwas Salz würzen. Den Backofen auf 220 °C vorheizen.

05. Kürbis putzen, waschen halbieren und entkernen. Den Kürbis in etwa 1½ cm dicke Scheiben schneiden. Die Hälfte der Kürbisscheiben in eine große gefettete Gratinform schichten, die Lauch-Pilz-Mischung darauf verteilen. Restliche Kürbisscheiben und Salbeiblättchen in die Form schichten. Mit der Käsecreme gleichmäßig übergießen.

06. Die Form mit Alufolie belegen und das Kürbis-Gratin im Ofen auf der mittleren Schiene 40 Minuten garen. Das Gratin auf einen Kuchenrost stellen, die Alufolie entfernen.

07. Für die Kruste Butter, 1 Prise Meersalzflocken und Semmelbrösel grob vermischen und auf dem Gratin verteilen.

08. Das Gratin bei gleicher Backofentemperatur 20 Minuten goldbraun gratinieren. Evtl. in den letzten 10 Minuten die Form mit Backpapier abdecken oder die Temperatur auf 180 °C reduzieren.

ZUTATEN
FÜR 4 PERSONEN

FÜR DIE KÄSECREME:
+ **200 g Schlagsahne**
+ **100 ml Milch**
+ **200 g milder Edelpilzkäse (z.B. Bavaria blue oder Gorgonzola dolce), ohne Rinde**
+ **3 Eier (Größe M)**
+ **1 geh. EL Speisestärke**
+ **Pfeffer aus der Mühle**

FÜR DAS GEMÜSE:
+ **1 Stange Lauch (ca. 275 g)**
+ **150 g Champignons**
+ **1 Knoblauchzehe**
+ **2 EL Olivenöl**
+ **Meersalz**
+ **Pfeffer aus der Mühle**
+ **frisch geriebene Muskatnuss**
+ **1,1 kg Hokkaidokürbis**
+ **6–8 Salbeiblättchen, gewaschen und trocken getupft**

FÜR DIE KRUSTE:
+ **50 g Butter (zimmerwarm)**
+ **Meersalzflocken**
+ **40 g Semmelbrösel**

WINTERLASAGNE
MIT TALEGGIO UND ROSENKOHL

ZUBEREITUNG
🥄 40 MIN. ⏱ 15 MIN.

01. Den Backofen auf 180 °C Umluft vorheizen. Die Schalotten schälen und in feine Würfel schneiden. Die Butter in einer Pfanne erhitzen und die Schalotten darin glasig dünsten. Mit dem Mehl bestäuben, kurz anschwitzen und die Milch angießen. Mit 2 Prisen Räuchersalz würzen und etwa 5 Minuten leicht köcheln lassen.

02. Den Rosenkohl putzen und die äußeren Blätter entfernen, den Strunk keilförmig herausschneiden und die einzelnen Blätter ablösen. Die Orange so großzügig schälen, dass auch die weiße Haut mit entfernt wird. Die Filets zwischen den einzelnen Trennhäuten herausschneiden.

03. Die Rosenkohlblätter mit den Möhren- und Kartoffelwürfeln zur Béchamelsauce in die Pfanne geben und kurz erhitzen. Die Orangenfilets hinzufügen und die saure Sahne unterrühren.

04. Den Taleggio in Scheiben schneiden. Gemüse, Taleggio und Lasagneblätter abwechselnd in eine ofenfeste Form schichten, dabei mit Gemüse beginnen und mit Taleggio abschließen. Die Lasagne im Ofen auf der mittleren Schiene 15 Minuten garen. Herausnehmen und in Stücke teilen. Nach Belieben mit je 1 Orangenfilet und Petersilienblatt garnieren.

ZUTATEN
FÜR 4 PERSONEN

+ 8 kleine Schalotten
+ 40 g Butter
+ 2 EL Mehl
+ 400 ml Milch
+ Räuchersalz
+ 12 Rosenkohlröschen
+ 1 Orange
+ 2 EL Möhrenwürfel
+ 2 EL Kartoffelwürfel
+ 60 g saure Sahne
+ 300 g Taleggio (ital. Weichkäse; ersatzweise Camembert oder Brie)
+ 12 Lasagneblätter
+ Petersilienblätter (nach Belieben)

KÄSE-ZWIEBEL-AUFLAUF
MIT QUARK

ZUBEREITUNG
🍴 25 MIN.   ⏱ 1 STD. 15 MIN.

01. Die Kartoffeln schälen, waschen und in Salzwasser etwa 30 Minuten gar kochen. Anschließend durch die Kartoffelpresse drücken und leicht abkühlen lassen.

02. Die Lauchzwiebeln putzen, waschen und klein schneiden. Die Zwiebeln schälen und fein würfeln. Die Möhren schälen und fein würfeln. Mit den Zwiebelwürfen und Lauchzwiebeln in einer heißen Pfanne in der Butter farblos anschwitzen. Vom Herd nehmen, die Petersilie untermischen und mit Salz und Pfeffer würzen.

03. Den Backofen auf 220 °C Umluft vorheizen. Eine Auflaufform ausfetten.

04. Die Eier trennen, den Quark gut abtropfen lassen. Die Eigelbe mit Quark und Käse zu den Kartoffeln geben. Das Gemüse zugeben, alles gut vermischen und mit Salz, Pfeffer und Muskat abschmecken.

05. Die Eiweiße steif schlagen und unterheben. Die Masse in die Form füllen, glatt streichen und im Ofen etwa 40 Minuten goldbraun backen.

06. Aus dem Ofen nehmen und mit Petersilie bestreut servieren.

ZUTATEN
FÜR 4 PERSONEN

+ **500 g mehligkochende Kartoffeln**
+ **Salz**
+ **4 Lauchzwiebeln**
+ **2 Zwiebeln**
+ **2 Möhren**
+ **2 EL Butter**
+ **2 EL frisch gehackte Petersilie**
+ **Pfeffer aus der Mühle**
+ **weiche Butter für die Form**
+ **3 Eier**
+ **250 g Quark**
+ **200 g Cheddar, gerieben**
+ **frisch gemahlene Muskatnuss**
+ **frisch gehackte Petersilie zum Bestreuen**

WIRSINGAUFLAUF
MIT MANDELSTIFTEN

ZUBEREITUNG
◗◗ 30 MIN. ⏱ 40 MIN.

01. Den Backofen auf 200 °C vorheizen. Die Kartoffeln schälen, waschen und in 1 cm große Würfel schneiden. Den Wirsing putzen, waschen, vierteln und in etwa 1 cm breite Streifen schneiden. Beides in reichlich kochendem Salzwasser etwa 8 Minuten vorgaren.

02. Die Paprikaschote längs halbieren, entkernen, waschen und in kleine Würfel schneiden. Die Zwiebeln schälen und ebenfalls klein würfeln. Das Olivenöl in einer Pfanne erhitzen und die Paprika- mit den Zwiebelwürfeln darin 5 Min. anbraten. Mit 50 ml Wasser ablöschen, Tomatenmark und Schnittlauch hinzufügen. Mit Salz und Pfeffer würzen und 3 bis 4 Minuten unter Rühren kochen lassen.

03. Wirsing und Kartoffeln in ein Sieb abgießen und gut abtropfen lassen. Die Hälfte davon in eine ofenfeste Form geben, mit Salz und Pfeffer würzen und mit der Zwiebelmischung bedecken. Den restlichen Wirsing und Kartoffeln darauf verteilen und mit Semmelbröseln und Mandeln bestreuen. Den Auflauf im Ofen auf der mittleren Schiene etwa 25 Minuten backen. Zuletzt den Honig darüberträufeln.

ZUTATEN
FÜR 2 PERSONEN

+ **400 g festkochende Kartoffeln**
+ **600 g Wirsing**
+ **Salz**
+ **1 rote Paprikaschote**
+ **2 Zwiebeln**
+ **1 EL Olivenöl**
+ **2 EL Tomatenmark**
+ **2 EL Schnittlauchröllchen**
+ **Pfeffer aus der Mühle**
+ **3 EL Semmelbrösel**
+ **40 g Mandelstifte**
+ **1 EL Honig**

🔁 *Man kann den Wirsing auch durch Spitzkohl ersetzen. Dafür die äußeren Blätter des Spitzkohls entfernen, den Kohl vierteln, dabei den Strunk entfernen, und in 1 cm breite Streifen schneiden. In einer Pfanne etwas Butter erhitzen, den Kohl darin anbraten und mit Salz und Pfeffer würzen. Anschließend mit den Kartoffelwürfeln in die Form geben und wie oben beschrieben weiterverfahren.*

GEMÜSEGRATIN
MIT KÄSE-NUSS-KRUSTE

ZUBEREITUNG
🥄 40 MIN.   ⏱ 25 MIN.

01. Den Fenchel putzen, waschen und das zarte Fenchel-grün beiseitelegen. Die Knolle längs vierteln und quer in 1 cm breite Streifen schneiden. Den Brokkoli putzen und waschen, in Röschen zerteilen, den Stiel schälen und klein schneiden. Beides zusammen mit wenig Salzwasser in einen Topf geben und 5 Minuten zugedeckt dünsten, dann in ein Sieb abgie-ßen und gut abtropfen lassen.

02. Inzwischen die Paprikaschoten längs halbieren, entker-nen, waschen und in Würfel schneiden. Zu dem Fenchel und dem Brokkoli geben und alles vermischen.

03. Die Zwiebel schälen und in kleine Würfel schneiden. Die Butter in einer Pfanne aufschäumen und die Zwiebelwürfel darin glasig dünsten. Die Walnüsse grob hacken und dazu-geben, kurz mit anrösten, dann vom Herd nehmen und die Mischung mit Salz und Pfeffer würzen.

04. Den Backofen auf 200 °C vorheizen. Die Tomaten in eine breite Auflaufform geben, mit Thymian, Salz und Pfeffer würzen. Die Gemüsemischung darauf verteilen, mit dem Emmentaler und dem zerbröckelten Feta sowie zum Schluss mit den Walnüssen bestreuen. Im Ofen auf der mittleren Schiene etwa 25 Minuten überbacken. Das Fenchelgrün hacken und daraufstreuen.

ZUTATEN
FÜR 4 PERSONEN

+ 1 Fenchelknolle (ca. 300 g)
+ 300 g Brokkoli
+ Salz
+ 2 gelbe Paprikaschoten
+ 1 große Zwiebel
+ 1 EL Butter
+ 100 g Walnusskerne
+ Pfeffer aus der Mühle
+ 500 g stückige Tomaten (aus der Dose oder dem Tetra Pak)
+ 2 TL getrockneter Thymian
+ 100 g Emmentaler, gerieben
+ 100 g Feta (Schafskäse)

MIT FLEISCH

— & FISCH —

KARTOFFELAUFLAUF
MIT SPECK

ZUBEREITUNG
🥄 25 MIN. ⏱ 40 MIN.

01. Die Kartoffeln mit der Schale waschen und in reichlich Salzwasser etwa 10 Minuten sehr bissfest garen.

02. Eine kleine Auflaufform mit etwas Butter einfetten. Möhren und Lauch putzen, schälen bzw. waschen und in feine Scheiben schneiden. Die Kartoffeln pellen, ebenfalls in Scheiben schneiden und in die Auflaufform schichten. Möhren und Lauch über den Kartoffeln verteilen. Den Backofen auf 180 °C vorheizen.

03. Die Zwiebel schälen und mit dem Speck in feine Würfel schneiden. Den Thymian waschen, trocken schütteln und die Blättchen abstreifen. Die Butter in einem Topf erhitzen, Zwiebelwürfel und Speckwürfel darin glasig dünsten. Das Mehl darüberstäuben und unter Rühren anrösten. Unter Rühren mit Brühe und Milch ablöschen und die Béchamelsauce kurz aufkochen lassen. Mit Salz und Pfeffer würzen. Die Thymianblättchen unterrühren.

04. Die Sauce über das Gemüse gießen, bis es komplett bedeckt ist. Den Gouda grob reiben und auf den Auflauf streuen. Den Kartoffelauflauf im Ofen auf der mittleren Schiene etwa 30 Minuten backen, dabei die letzten Minuten unter dem Backofengrill gratinieren.

⭐ *Für eine vegetarische Variante des Kartoffelauflaufs den durchwachsenen Räucherspeck durch 50 g Zwiebelwürfel ersetzten. Um dennoch etwas Räucheraroma zu erhalten, kann man den Auflauf mit etwas Räuchersalz würzen.*

ZUTATEN
FÜR 2 PERSONEN

+ **500 g festkochende Kartoffeln**
+ **Salz**
+ **Butter für die Form**
+ **3 bunte Möhren**
+ **1 Stange Lauch**
+ **1 Zwiebel**
+ **50 g durchwachsener Räucherspeck**
+ **3 Zweige Thymian**
+ **2 EL Butter**
+ **20 g Mehl**
+ **400 ml Gemüsebrühe**
+ **200 ml Milch**
+ **Pfeffer aus der Mühle**
+ **200 g Gouda**

NUDELAUFLAUF
MIT BLATTSPINAT

ZUBEREITUNG
🥄 **20 MIN.** ⏱ **25 MIN.**

01. Den Backofen auf 200°C vorheizen.

02. Die Nudeln nach Packungsanweisung in reichlich Salzwasser bissfest garen.

03. Den Spinat in einem Topf erhitzen, ab und zu umrühren. In eine große Schüssel umfüllen und etwas abkühlen lassen. Mit Salz, Pfeffer und 1 Prise Muskatnuss kräftig würzen.

04. Den Schinken in feine Würfel schneiden. Die Nudeln in ein Sieb abgießen, kalt abbrausen und abtropfen lassen. Nudeln, Reibekäse und Schinkenwürfel unter den Spinat mischen. Den Gorgonzola oder Bavaria blu in Stückchen zupfen und locker unterheben. Alles in eine Auflaufform füllen.

05. Semmelbrösel, Parmesan und Olivenöl mit den Fingern sorgfältig mischen und auf den Nudeln verteilen. Den Auflauf im Ofen auf der zweiten Schiene von unten 20 bis 25 Minuten backen.

💡 *Super Resteverwertung! Einfach die Nudel- und Käsesorte verwenden, die man noch zu Hause hat oder von welcher am Vortag etwas übrig geblieben ist.*

ZUTATEN
FÜR 4 PERSONEN

+ **250 g Nudeln**
  (z.B. Maccheroncini)
+ **Salz**
+ **1 Pck. TK-Rahm-Blattspinat**
  (540 g)
+ **Pfeffer aus der Mühle**
+ **frisch geriebene Muskatnuss**
+ **150 g gekochter Schinken**
+ **100 g Käse, gerieben**
  (z.B. Emmentaler)
+ **120 g Gorgonzola**
  oder Bavaria blu
+ **3 EL Semmelbrösel**
+ **30 g Parmesan, gerieben**
+ **2 EL Olivenöl**

HACKFLEISCHBÄLLCHEN-AUFLAUF
MIT KARTOFFELN

ZUBEREITUNG
🥄 45 MIN.   ⏱ 55 MIN.

01. Die Kartoffeln in der Schale gründlich waschen und in Salzwasser 20 Minuten garen – sie dürfen noch etwas fest sein. Dann die Kartoffeln abgießen, ausdampfen lassen und möglichst heiß pellen. Je nach Größe halbieren oder vierteln.

02. Inzwischen die Zwiebel schälen und in kleine Würfel schneiden. Das Hackfleisch in eine Schüssel geben. Die Zwiebelwürfel, 1 Ei und Semmelbrösel hinzugeben. Die Zutaten gut verkneten. Mit Salz und Pfeffer würzen.

03. Aus der Hackfleischmasse mit angefeuchteten Händen 8 Bällchen formen. Das Speiseöl in einer großen Pfanne erhitzen. Die Fleischbällchen darin von allen Seiten etwa 6 Minuten anbraten.

04. Den Backofen auf 180 °C vorheizen.

05. Die Tomaten waschen und abtrocknen. Die Fleischbällchen mit den Kartoffeln und Tomaten in einer gefetteten Auflaufform verteilen.

06. Den Schnittlauch waschen, trocken schütteln und in Röllchen schneiden. Die Crème fraîche mit Sahne und den übrigen Eiern verschlagen. Mit Salz, Pfeffer und Paprika würzen. Die Schnittlauchröllchen unterrühren. Die Eiersahne auf dem Auflauf verteilen. Mit Käse bestreuen.

07. Den Auflauf im Ofen auf der mittleren Schiene 35 Minuten backen.

ZUTATEN
FÜR 4 PERSONEN

+ **500 g kleine, vorwiegend fest-kochende Kartoffeln**
+ **Salz**
+ **1 mittelgroße Zwiebel**
+ **600 g gemischtes Hackfleisch**
+ **4 Eier (Größe M)**
+ **50 g Semmelbrösel**
+ **Pfeffer aus der Mühle**
+ **1½ EL Speiseöl**
+ **100 g Cocktailtomaten**
+ **½ Bund Schnittlauch**
+ **200 g Crème fraîche**
+ **100 g Schlagsahne**
+ **Paprikapulver (edelsüß)**
+ **80 g Gouda, gerieben**

SHEPHERD'S PIE
MIT MAIS UND ERBSEN

ZUBEREITUNG
🥄 30 MIN.   ⏱ 1 STD. 10 MIN.

01. Die Kartoffeln schälen, waschen und in kochendem Salzwasser 25 bis 30 Minuten weich garen.

02. Inzwischen Zwiebel und Knoblauch schälen und beides fein würfeln. Die Möhre schälen und klein würfeln. Den Sellerie putzen, waschen und ebenfalls in kleine Würfel schneiden. Die Paprika halbieren, entkernen, waschen und klein würfeln.

03. In einer Pfanne das Öl erhitzen und das Hackfleisch darin krümelig braten und leicht bräunen. Das vorbereitete Gemüse, Paprikapulver und Tomatenmark untermischen und 2 bis 3 Minuten mitbraten. Das Mehl darüberstreuen und unterrühren. Alles mit der Brühe ablöschen und etwa 20 Minuten einköcheln lassen. Den abgetropften Mais und Erbsen untermischen und alles mit Salz und Pfeffer würzen.

04. Den Backofen auf 200°C vorheizen.

05. Die Kartoffeln abgießen, ausdampfen lassen und zerstampfen. In einem Topf die Sahne erhitzen und mit Senf und Butter unter die Kartoffelmasse rühren. Das Kartoffelpüree mit Salz, Pfeffer und Muskat würzen.

06. Das Hackfleisch in eine hohe Pieform füllen und das Kartoffelpüree darauf verteilen. Das Ei verquirlen, die Kartoffelhaube damit bestreichen und den Pie im Ofen 35 bis 40 Minuten goldbraun überbacken.

07. Herausnehmen, den Shepard's Pie auf Tellern anrichten. Die Salatblätter mit der Vinaigrette vermengen, neben dem Pie anrichten und alles sofort servieren.

ZUTATEN
FÜR 4 PERSONEN

+ **500 g mehligkochende Kartoffeln**
+ **Salz**
+ **1 Zwiebel**
+ **2 Knoblauchzehen**
+ **1 Möhre**
+ **1 Stange Staudensellerie**
+ **1 rote Paprikaschote**
+ **2 EL Olivenöl**
+ **800 g gemischtes Hackfleisch**
+ **1 EL Paprikapulver (edelsüß)**
+ **2 EL Tomatenmark**
+ **2 EL Mehl**
+ **ca. 500 ml Fleischbrühe**
+ **120 g Maiskörner (Dose)**
+ **120 g TK-Erbsen**
+ **Pfeffer aus der Mühle**
+ **150 g Sahne**
+ **1 TL Dijon-Senf**
+ **2 EL Butter**
+ **frisch geriebene Muskatnuss**
+ **1 Ei**

ZUM SERVIEREN:
+ **Salatblätter nach Wahl**
+ **2–3 EL Vinaigrette**

ROSENKOHL-HACK-AUFLAUF
MIT QUARK

ZUBEREITUNG
🍴 30 MIN. ⏱ 55 MIN.

01. Für die Sauce die Butter in einem Topf zerlassen, das Mehl darin unter Rühren anschwitzen. Milch, 1 Prise Muskatnuss und Zitronenschale hinzufügen, gründlich verrühren und aufkochen. Bei schwacher Hitze unter regelmäßigem Rühren etwa 10 Minuten köcheln lassen. Die Sauce vom Herd nehmen, etwas abkühlen lassen, dann Quark und Eigelbe unterrühren und die Sauce mit Salz und Pfeffer würzen.

02. Für die Hackbällchen das Brötchen in einer Schüssel in lauwarmem Wasser einweichen. Den Backofen auf 180 °C vorheizen. Die Zwiebel schälen, fein würfeln, in einer Pfanne im Öl andünsten und abkühlen lassen. Das Hackfleisch mit dem gut ausgedrückten Brötchen, Zwiebel, Ei, Senf, Kräutern, Salz und Pfeffer vermischen. Das Hackfleisch mit angefeuchteten Händen zu etwa rosenkohlgroßen Bällchen formen, auf ein Backblech legen und im Ofen 10 Minuten garen.

03. Für den Rosenkohl den Rosenkohl putzen, die äußeren Blätter entfernen. Den Rosenkohl waschen und den Strunk jeweils kreuzförmig einschneiden. Den Kohl in einem Topf mit kochendem Salzwasser etwa 1 Minute garen. Anschließend kalt abschrecken und abtropfen lassen. Die Zwiebeln schälen und grob würfeln. Den Kümmel in einer Pfanne etwa 1 Minute rösten, dann Öl, Zwiebeln und Rosenkohl dazugeben und alles kurz und kräftig anbraten. Mit Salz und Pfeffer würzen.

04. Den Gouda reiben. Gemüse und Hackbällchen in einer Auflaufform verteilen, mit der Sauce übergießen und mit dem geriebenen Käse bestreuen. Im Ofen auf der mittleren Schiene etwa 30 Minuten backen. Bei Bedarf in den letzten Minuten den Backofengrill dazuschalten. Den Auflauf heiß in der Form servieren.

ZUTATEN
FÜR 4 PERSONEN

FÜR DIE SAUCE:
+ 60 g Butter • 2 EL Mehl
+ 350 ml Milch
+ frisch geriebene Muskatnuss
+ 1 TL abgeriebene Bio-Zitronenschale
+ 250 g Speisequark
+ 2 Eigelb
+ Salz • Pfeffer aus der Mühle

FÜR DIE HACKBÄLLCHEN:
+ 1 trockenes Laugenbrötchen
+ 1 Zwiebel
+ 1 EL Öl
+ 400 g gemischtes Hackfleisch
+ 1 Ei
+ 2 EL mittelscharfer Senf
+ 2 EL gehackte Petersilie
+ 1 TL gehackter Dill
+ 1 TL getrockneter Majoran
+ Salz • Pfeffer aus der Mühle

FÜR DEN ROSENKOHL:
+ 400 g Rosenkohl
+ Salz
+ 2 Zwiebeln
+ ½ TL ganzer Kümmel
+ 2 EL Öl
+ Pfeffer aus der Mühle
+ 200 g alter Gouda

HERZHAFTE TOPPINGS

Manchmal muss es einfach raffiniert sein! Dann können Sie Ihren Auflauf mit einem leckeren Topping verfeinern. Pikant oder kernig – der Fantasie sind dabei keine Grenzen gesetzt.

Mit Panko
5 EL geriebenen Käse mit 60 g Panko (asiat. Paniermehl), 2 Eigelben, 1 TL getrocknetem Basilikum und 2 EL Olivenöl verrühren. Mit Salz und Pfeffer würzen. Bei 180 bis 200 °C 8 bis 10 Minuten mitbacken.

Mit Polentagrieß
60 g Polentagrieß mit 1 TL gehackten Thymianblättchen und etwas Salz und Pfeffer verkneten. Mit 3 EL kalter Butter (in Stückchen) zu einer bröseligen Masse verkneten und zu Streuseln formen. Bei 180 bis 200 °C 15 bis 20 Minuten mitbacken.

Mit Brotscheiben
Je nach Größe des Auflaufs (und des Brots) 4 bis 6 Brotscheiben in etwas Olivenöl in einer Pfanne anbraten. Auf Küchenpapier abtropfen lassen. Auf den Auflauf legen, mit 3 bis 5 EL geriebenem Parmesan bestreuen.

Mit Kartoffelchips
100 g Kartoffelchips (Geschmacksrichtungen nach Belieben) grob zerbröseln und mit 3 EL Mayonnaise gut vermischen. Bei 180 °C etwa 20 Minuten mitbacken.

Grenzenlos lecker!
Man kann nach Lust und Laune und Geschmack mit den Zutaten experimentieren! Statt Panko können auch Semmel- oder Weißbrotbrösel verwendet werden. Die Kartoffelchips kann man durch Salzstangen oder Nachos ersetzen.

DAS BESTE ON TOP

Am schönsten ist es natürlich immer, wenn der Auflauf nicht nur köstlich schmeckt, sondern auch toll aussieht. Kleine optische Highlights sind rasch zubereitet und verleihen dem fertigen Auflauf das i-Tüpfelchen.

Frühstücksspeck

Den Frühstücksspeck in Scheiben in eine kalte Pfanne legen und die Pfanne langsam auf mittlere Hitze erwärmen. Den Speck auf jeder Seite 3 bis 5 Minuten knusprig braten, auf Küchenpapier abtropfen und abkühlen lassen. Die trockenen Speckstreifen fein zerbröseln und über den fertigen Auflauf streuen.

Röstzwiebeln

Die Zwiebeln schälen und in feine Ringe schneiden. Die Zwiebelringe in Mehl wenden und leicht salzen. In einer Pfanne Butter oder Öl erhitzen. Die Zwiebelringe darin goldgelb braten, auf Küchenpapier abtropfen und abkühlen lassen. Die trockenen Röstzwiebeln fein zerbröseln und über den fertigen Auflauf geben.

Croûtons

Brot, Brötchen oder Laugengebäck in Würfel schneiden. In einer Pfanne Öl oder Butter erhitzen und die Würfel darin goldgelb rösten, nach Belieben mit Kräutern verfeinern. Die Croûtons auf Küchenpapier abtropfen lassen und auf dem fertigen Auflauf verteilen.

Mit Pinienkernen

4 EL Pinienkerne mit 4 EL Semmelbröseln, 1 Msp. Chiliflocken, 1 TL gehackten Rosmarinnadeln, etwas Salz und 4 EL geriebenem Parmesan mischen. Mit 3 bis 4 EL Olivenöl zu einer bröseligen Masse verkneten und bei 180 bis 200 °C 15 bis 20 Minuten mitbacken.

AUFLAUF
MIT SCHWEINEFILET UND SPECK

ZUBEREITUNG
25 MIN. 1 STD.

01. Den Backofen auf 175°C (Umluft mit Oberhitze) vorheizen. Eine ofenfeste Form mit dem Olivenöl einfetten. Das Schweinefilet in 16 gleich dicke Scheiben schneiden. Jedes Filet mit 1 Scheibe Speck umwickeln und mit der Nahtseite nach unten in die Form legen.

02. Die Petersilie waschen, trocken schütteln, die Blätter abzupfen und hacken. Den Knoblauch schälen und in feine Würfel schneiden. Die Chilischote längs halbieren, entkernen, waschen und in feine Ringe schneiden. Alles mit Crème fraîche, Sahne und Ketchup in einer Schüssel gut verrühren. Die Sauce mit Salz, Pfeffer, Currypulver und Baharat würzen und auf den Medaillons verteilen. Im Ofen auf der mittleren Schiene 50 bis 60 Minuten garen.

03. Inzwischen den Schnittlauch waschen, trocken schütteln und in etwa 2 cm lange Röllchen schneiden. Den Schweinfilet-Speck-Auflauf aus dem Ofen nehmen, mit den Schnittlauchröllchen bestreuen und nach Belieben mit Sumach würzen.

♥ *Dazu passt im Sommer ein leichter grüner Salat, im Winter schmecken grüne Bohnen sehr gut zum Auflauf.*

ZUTATEN
FÜR 4 PERSONEN

+ 1 EL Olivenöl für die Form
+ 700 g Schweinefilet
+ 16 Scheiben Frühstücksspeck
+ ½ Bund Petersilie
+ 1 Knoblauchzehe
+ 1 rote Chilischote
+ 300 g Crème fraîche
+ 400 g Sahne
+ 2 EL Tomatenketchup
+ Salz
+ Pfeffer aus der Mühle
+ 2 TL Currypulver
+ 1 TL Baharat (orientalische Gewürzmischung; aus dem Feinkostladen)
+ 1 Bund Schnittlauch
+ 1 TL Sumach (nach Belieben)

MEXIKANISCHER HÄHNCHEN-REIS-AUFLAUF
MIT JALAPENOS

ZUBEREITUNG
🥄 30 MIN.   ⏱ 1 STD. 15 MIN.

01. Den Backofen auf 200 °C vorheizen. Die Hähnchen-keulen waschen, von sichtbarem Fett befreien und trocken tupfen.

02. 1 bis 2 eingelegte Jalapeños abtropfen und fein hacken. Das Paprikapulver mit Koriander, Oregano, Salz, Pfeffer und 3 EL Öl verrühren. Den Knoblauch schälen und durch die Presse dazudrücken. Die Jalapeños unterrühren und die Hähnchenkeulen mit der Würzmischung bestreichen.

03. In einem Bräter das restliche Öl erhitzen und die Hähn-chenkeulen darin ringsum anbraten, anschließend im Ofen noch etwa 25 Minuten schmoren.

04. Inzwischen die Frühlingszwiebeln putzen, waschen und hacken. Die Paprikaschoten putzen, waschen und längs in Streifen schneiden. Bohnen und Mais abgießen, abbrausen und abtropfen lassen.

05. Den Bräter aus dem Ofen nehmen und die Keulen auf einem Teller beiseitestellen.

06. Den Reis mit Frühlingszwiebeln, Paprikastreifen, Bohnen und Mais in den Bräter geben, stückige Tomaten und Brühe zufügen. Alles salzen, pfeffern und gut vermengen.

07. Den Bräter mit einem Deckel verschließen und den Reis im Ofen 35 Minuten garen, bis der Reis die Flüssigkeit weit-gehend aufgesogen hat.

Die Hähnchenkeulen wieder einlegen, bei Bedarf noch etwas Brühe oder Wasser angießen und alles im Ofen noch-mals 10 bis 15 Minuten garen, bis der Reis gar und das Hähnchenfleisch heiß ist. Mit Jalapeñoscheiben und Korian-dergrün bestreut servieren.

ZUTATEN
FÜR 4 PERSONEN

+ **4 Hähnchenkeulen**
+ **eingelegte grüne Jalapeños (aus dem Glas)**
+ **1 TL geräuchertes Paprikapulver**
+ **2 TL Koriander pulver**
+ **1 EL getrockneter Oregano**
+ **Salz • Pfeffer aus der Mühle**
+ **5 EL Olivenöl**
+ **2 Knoblauchzehen**
+ **4 Frühlingszwiebeln**
+ **2 kleine rote Paprikaschoten**
+ **400 g Kidneybohnen (aus der Dose)**
+ **150 g Mais (aus der Dose)**
+ **300 g Langkornreis**
+ **400 g stückige Tomaten (aus der Dose)**
+ **ca. 450 ml Hühnerbrühe**
+ **2 EL eingelegte grüne Jalapeños (aus dem Glas), in Scheiben**
+ **2 EL gehacktes Koriandergrün**

KARTOFFEL-KABELJAU-AUFLAUF
MIT WEISSWEIN

ZUBEREITUNG
🥄 20 MIN.   ⏱ 50 MIN.

**ZUTATEN
FÜR 2 PERSONEN**

01. Den Backofen auf 180 °C vorheizen. Eine Auflaufform mit 30 g Butter ausfetten. In einem Topf ¾ l Wasser, Wein, Zitronensaft, 1 TL Salz, Zucker und Lorbeerblatt aufkochen und 10 Minuten sprudelnd kochen lassen.

02. Das Fischfilet waschen und trocken tupfen. Die Hitze reduzieren und das Fischfilet in den nicht mehr kochenden Sud legen. Zugedeckt etwa 10 Minuten gar ziehen lassen.

03. Die Kartoffeln pellen, grob zerdrücken und in eine Rührschüssel geben. Die Zwiebel schälen und in feine Würfel schneiden. 1 EL Butter in einer Pfanne erhitzen und die Zwiebel darin andünsten. Dann zu den Kartoffeln hinzufügen.

04. Die Fischfilets aus dem Sud nehmen, den Sud beiseitestellen. Den Fisch in mundgerechte Stücke zerzupfen und zu den Kartoffeln in die Schüssel geben.

05. Sahne und Ei verquirlen und kräftig mit Salz und Pfeffer abschmecken. 2 EL Fischsud unterrühren und die Sahnemischung unter die Kartoffeln rühren. Falls die Masse zu trocken wirkt, noch etwas Fischsud hinzufügen.

06. Die Fisch-Kartoffel-Mischung in die Auflaufform füllen, glatt streichen und die restliche Butter in Flöckchen auf der Oberfläche verteilen. Im Ofen auf der mittleren Schiene etwa 30 Minuten überbacken, bis die Oberfläche appetitlich gebräunt ist.

+ **100 g Butter**
+ **¼ l Weißwein**
+ **Saft von ½ Zitrone**
+ **Salz**
+ **½ TL Zucker**
+ **1 getr. Lorbeerblatt**
+ **300 g Kabeljaufilet (küchenfertig)**
+ **300 g gekochte Kartoffeln (vom Vortag)**
+ **1 Zwiebel**
+ **200 g Sahne**
+ **1 Ei**
+ **Pfeffer aus der Mühle**

GRATINIERTE GNOCCHI
MIT RÄUCHERLACHS

ZUBEREITUNG
🍴 15 MIN.   ⏱ 20 MIN.

01. Den Backofen auf 240 °C vorheizen.

02. Die Tomaten waschen und halbieren. Gnocchi und Tomaten in einer großen flachen, gefetteten Auflaufform verteilen.

03. Die Räucherlachsscheiben auf einer Arbeitsfläche ausbreiten, mit dem Pesto bestreichen, aufrollen und in etwa 4 cm lange Stücke schneiden. Die Lachsröllchen zwischen die Gnocchi setzen.

04. Für die Sauce die Milch in einem Topf erhitzen. Frischkäse, Speisestärke und 50 g Parmesan in einer Schüssel verschlagen und mit einem Schneebesen unter die Milch rühren. Mit Pfeffer, Salz und nach Belieben mit Muskat würzen. Die Sauce gleichmäßig über die Gnocchimischung gießen. Mit dem restlichen Parmesan bestreuen.

05. Die Form mit einem passenden Deckel oder mit Alufolie verschließen. Den Auflauf im Ofen auf der mittleren Schiene 13 bis 15 Minuten gratinieren.

06. Dann den Deckel oder die Alufolie entfernen und die Räucherlachs-Gnocchi weitere 3 bis 5 Minuten knusprig fertig backen.

07. Die gebackene Pasta auf Teller verteilen und nach Belieben mit gewaschenen, trocken getupften Basilikumblättchen garniert anrichten.

ZUTATEN
FÜR 4 PERSONEN

+ **300 g Cocktailtomaten**
+ **400–500 g Gnocchi (aus dem Kühlregal)**
+ **125 g Räucherlachs, in Scheiben**
+ **2–3 TL Pesto alla genovese (aus dem Glas)**

FÜR DIE SAUCE:
+ **400 ml Milch**
+ **150 g Doppelrahmfrischkäse**
+ **1 TL Speisestärke**
+ **100 g junger Parmesan, gerieben**
+ **Pfeffer aus der Mühle**
+ **Salz**
+ **etwas frisch geriebene Muskatnuss**

ZUM GARNIEREN:
+ **evtl. Basilikumblättchen**

FISCH-PIE
MIT CRÈME FRAÎCHE

ZUBEREITUNG
🍶 45 MIN.   ⏱ 1 STD. 20 MIN.

01. Die Kartoffeln schälen, waschen und in Salzwasser etwa 30 Minuten gar kochen.

02. Den Backofen auf 200 °C vorheizen.

03. Die Fischfilets waschen, trocken tupfen und in mundgerechte Stücke schneiden. Die Garnelen abbrausen und trocken tupfen. Den Lauch putzen, waschen und in Ringe schneiden.

04. 2 EL Butter in einem Topf schmelzen und den Lauch darin 2 bis 3 Minuten anschwitzen, das Mehl kurz mitschwitzen, 400 ml Milch einrühren und etwa 10 Minuten sämig köcheln lassen. Mit Salz und Pfeffer würzen und die Crème fraîche unterrühren. Vom Herd nehmen und abschmecken.

05. Den Fisch mit Garnelen und Petersilie in eine gefettete Pieform füllen. Mit dem Zitronensaft beträufeln und mit der Sauce übergießen.

06. Die Kartoffeln abgießen, ausdampfen lassen und zerstampfen. Die übrige Milch heiß werden lassen und mit restlicher Butter und Käse unterrühren. Mit Salz und Muskat abschmecken und auf dem Fisch glatt streichen. Mit einer Gabel nach Belieben Muster einziehen.

07. Im Ofen auf der mittleren Schiene etwa 35 Minuten goldbraun backen.

**ZUTATEN
FÜR 4 PERSONEN**

+ **400 g mehligkochende Kartoffeln**
+ **Salz**
+ **500 g Fischfilets, küchenfertig (z.B. Kabeljau oder Seelachs)**
+ **250 g Garnelen, küchenfertig**
+ **1 Stange Lauch**
+ **4 EL Butter**
+ **2 EL Mehl**
+ **ca. 475 ml Milch**
+ **Pfeffer aus der Mühle**
+ **100 g Crème fraîche**
+ **2 EL frisch gehackte Petersilie**
+ **weiche Butter für die Form**
+ **2 EL Zitronensaft**
+ **50 g Käse, gerieben (z.B. Cheddar)**
+ **frisch geriebene Muskatnuss**

UNSER LIEBLING

GEMÜSE-THUNFISCH-AUFLAUF
MIT NUDELN

ZUBEREITUNG
🍴 20 MIN.   ⏱ 40 MIN.

01. Den Backofen auf 180 °C Umluft vorheizen.

02. Die Nudeln nach Packungsanweisung in kochendem Salzwasser bissfest garen. Abgießen und abtropfen lassen.

03. Den Blumenkohl waschen, in Röschen zerteilen und in kochendem Salzwasser mit dem Zitronensaft zunächst etwa 8 Minuten garen.

04. Inzwischen den Brokkoli waschen und in Röschen zerlegen, die Möhren schälen und würfeln. Die Erbsen in ein Sieb geben und abspülen.

05. Brokkoli, Möhrenwürfel und Erbsen zum Blumenkohl ins Kochwasser geben und weitere etwa 4 Minuten fertig garen. Das Gemüse abtropfen lassen und in einer gefetteten Auf- laufform mit den Nudeln vermengen.

06. Den Thunfisch abtropfen lassen, in Stücke zerzupfen und in der Form verteilen. Die Eier verquirlen, mit Salz und Pfeffer kräftig würzen. Den Auflauf mit den Eiern übergießen und vermengen. Im Ofen auf der mittleren Schiene etwa 30 Minuten überbacken.

07. In der Zwischenzeit den Salat waschen und trocken schleudern. Den Dill waschen, trocken schütteln und zerzupfen.

08. Den fertigen Auflauf zusammen mit dem Salat auf Tellern anrichten und den Auflauf mit dem Dill bestreuen. Mit Pfeffer übermahlen und servieren.

ZUTATEN
FÜR 4 PERSONEN

+ **400 g Nudeln (z.B. Cellentani)**
+ **Salz**
+ **½ Blumenkohl**
+ **2 TL Zitronensaft**
+ **1 Brokkoli**
+ **3 Möhren**
+ **150 g Erbsen (frisch gepalt oder TK)**
+ **Butter für die Form**
+ **2 Dosen Thunfisch (in Öl)**
+ **4 Eier**
+ **Pfeffer aus der Mühle**
+ **150 g gemischter Salat**
+ **1 Handvoll frischer Dill**

GRATINIERTES WELSFILET
MIT KARTOFFELN UND APFEL

ZUBEREITUNG
🥄 35 MIN. ⏱ 30 MIN.

01. Das Welsfilet mit Küchenpapier abtupfen, evtl. vorhandene Hautreste abschneiden. Das Filet von beiden Seiten salzen.

02. Den Dill abspülen, trocken schütteln und in kleine Stiele zupfen. Einige Dillzweige beiseitelegen. Die übrigen Stiele zusammen mit den Semmelbröseln in einen Blitzhacker geben. Die Butter in kleinen Stücken dazugeben. Das Ganze zu einer festen Masse verarbeiten und mit einem Messer auf die Außenseite des Welsfilets verteilen und leicht andrücken. Das Filet in 4 Stücke schneiden.

03. Den Backofen auf 220 °C vorheizen.

04. Die Kartoffeln schälen, waschen und in etwa 1½ × 1½ cm große Würfel schneiden. DIe Möhren putzen, schälen und in ebenso große Würfel schneiden. Den Lauch putzen, längs halbieren, waschen und quer in Streifen schneiden.

05. Die Brühe in einem Topf aufkochen. Das Gemüse dazugeben und zugedeckt zum Kochen bringen. Inzwischen den Apfel schälen und das Fruchtfleisch rundherum raspeln, bis das Kerngehäuse zu sehen ist.

06. Apfelraspel und Senf unter das Gemüse rühren und mit Salz und Pfeffer würzen. Das Ganze in einer großen flachen, gefetteten Auflaufform (mind. 2 l Inhalt) verteilen. Die Fischstücke darauflegen.

07. Das Gratin im Ofen auf der mittleren Schiene 20 bis 30 Minuten garen, bis die Kruste auf dem Fisch hellbraun ist.

08. Die Tomaten waschen, halbieren, in die Form geben und etwa 5 Minuten mitgaren. Das Gratin mit dem restlichen Dill bestreut servieren.

ZUTATEN
FÜR 4 PERSONEN

+ 1 Welsfilet (ca. 500 g)
+ Salz
+ ½ Bund Dill
+ 50 g Semmelbrösel
+ 70 g Butter
+ 700 g festkochende Kartoffeln
+ 300 g Möhren
+ 300 g Lauch
+ 400 ml Gemüsebrühe
+ 1 Apfel (z.B. Boskop oder Elstar; ca. 150 g)
+ 2 TL körniger Senf
+ Pfeffer aus der Mühle
+ 100 g Kirschtomaten

03

SÜSSE AUFLÄUFE

BETTELMANN
MIT ÄPFELN UND HIMBEEREN

ZUBEREITUNG
🥄 25 MIN. ⏱ 45 MIN.

01. Für den Bettelmann die Rosinen kurz mit heißem Wasser übergießen und abtropfen lassen. Dann in einer kleinen Schale mit Rum beträufeln und etwa 15 Minuten ziehen lassen. Den Backofen auf 170 °C vorheizen.

02. Butter, Zucker, geriebenes Schwarzbrot oder Semmelbrösel, Mehl und ½ TL Salz mit den Knethaken des Handrührgeräts zu einem glatten Teig verkneten. Den Teig von Hand zu einem flachen Fladen formen und in Frischhaltefolie gewickelt 15 Minuten im Kühlschrank ruhen lassen.

03. Eine Auflaufform mit Butter einfetten und beiseitestellen.

04. Die Himbeeren verlesen, kurz unter kaltem Wasser abbrausen und auf Küchenpapier verteilt abtropfen lassen. Die Äpfel vierteln, schälen, entkernen und in mundgerechte Stücke schneiden. Mit dem Zitronensaft beträufeln.

05. Rosinen, Äpfel, Himbeeren und gehackte Mandeln gleichmäßig in der Auflaufform verteilen. Den Teig aus dem Kühlschrank holen und gleichmäßig in Form von groben Streuseln auf das Obst streuen. Im Ofen auf der mittleren Schiene etwa 30 Minuten backen, bis die Teigkruste goldbraun ist.

06. Die Sahne steif schlagen und mit Zimtpulver und Vanillezucker würzen. Bettelmann aus dem Ofen holen und etwas abkühlen lassen. Lauwarm mit der Schlagsahne servieren.

💙 *Der Bettelmann schmeckt auch mit Brombeeren oder Johannisbeeren besonders lecker. Da diese Beeren nicht ganz so süß wie Himbeeren schmecken, kann man nach Belieben etwas mehr Zucker verwenden.*

ZUTATEN
FÜR 2 PERSONEN

+ **50 g Rosinen**
+ **2 EL Rum**
+ **200 g Butter**
+ **100 g Zucker**
+ **150 g fein geriebenes Schwarzbrot oder Semmelbrösel**
+ **150 g Vollkornweizenmehl**
+ **Salz**
+ **Butter für die Form**
+ **200 g Himbeeren**
+ **3 säuerliche Äpfel**
+ **2 EL Zitronensaft**
+ **80 g gehackte Mandeln**
+ **100 g Sahne**
+ **¼ TL Zimtpulver**
+ **1 Pck. Vanillezucker**

HEIDELBEER-BIRNEN-CRUMBLE
MIT CHIASAMEN UND SEKT

ZUBEREITUNG
⏱ 20 MIN.   ⏱ 40 MIN.

01. Für die Streusel das Mehl mit Chiasamen und Kakaonibs mischen. Die Butter in der Pfanne zerlassen, je 1 Prise Salz und Zimtpulver unterrühren. Zucker und Vanillezucker unterrühren, dann die Mehlmischung hinzufügen und alles mit dem Schneebesen zu einem bröseligen Teig verrühren.

02. Die Streusel gleichmäßig in der Pfanne verteilen und zugedeckt bei schwacher bis mittlerer Hitze 15 Minuten backen, dabei alle 5 Minuten durchschwenken. Zum Schluss noch einmal schwenken, den Deckel abnehmen und die Streusel offen 3 Minuten garen. Auf einen Teller umfüllen und die Pfanne säubern.

03. Die Birnen vierteln, schälen und die Kerngehäuse entfernen. Die Viertel längs in dünne Scheiben schneiden. Die Butter in der Pfanne erhitzen und die Birnenscheiben darin bei mittlerer Hitze 5 Minuten dünsten. Zucker sowie 1 Prise Zimtpulver hinzufügen und 2 bis 3 Minuten karamellisieren. Zitronensaft und Sekt dazugießen und offen bei starker Hitze 4 bis 5 Minuten einköcheln lassen, bis die Flüssigkeit bräunlich und sirupartig karamellisiert.

04. Die Heidelbeeren verlesen, waschen, trocken tupfen und vorsichtig mit den Birnen mischen. Die Streusel auf dem Obst verteilen und alles zugedeckt bei schwacher Hitze 4 Minuten ziehen lassen. Den Crumble nach Belieben warm, lauwarm oder kalt servieren.

ZUTATEN
FÜR 4 PERSONEN

FÜR DIE STREUSEL:
+ 125 g Mehl
+ 1 EL Chiasamen
+ 1 EL Kakaonibs
+ 75 g Butter
+ Salz • Zimtpulver
+ 80 g Rohrohrzucker
+ 1 Pck. Vanillezucker

AUSSERDEM:
+ 750 g Birnen (z. B. Abate Fetel)
+ 25 g Butter
+ 50 g Rohrohrzucker
+ Zimtpulver
+ 1 EL Zitronensaft
+ 100 ml Sekt (brut)
+ 125 g Heidelbeeren

ERDBEER-CRUMBLE
MIT MARSHMALLOWS

ZUBEREITUNG
🌶 15 MIN.   ⏱ 30 MIN.

01. Den Backofen auf 180 °C vorheizen.

02. Die Erdbeeren waschen, putzen und halbieren. Mit Konfitüre und Limettenschale sowie -saft marinieren.

03. Mehl, Zucker und Butter mit den Fingern zu lockeren Streuseln verarbeiten und kühl stellen. Die Marshmallows halbieren.

04. Den Teig entrollen. Eine Backform (20 bis 24 cm Ø) mit etwas Butter einfetten und mit Mehl ausstreuen. Den Teig ,so hineinlegen, dass er etwas über den Rand hinausragt. Mit einer Gabel gleichmäßig einstechen. Erdbeeren, Streusel und Marshmallows locker darauf verteilen. Den Erdbeer-Crumble im Ofen auf der mittleren Schiene 25 bis 30 Minuten backen.

💚 *Wer von Erdbeeren nicht genug haben kann, reicht zu dem Crumble eine fruchtige Erdbeersahne. Dafür 100 g Erdbeeren waschen, putzen und fein pürieren. 250 g Sahne mit 1 Päckchen Sahnesteif und nach Belieben mit 1 Päckchen Vanillezucker steif schlagen. Die pürierten Erdbeeren vorsichtig portionsweise unter die Sahne heben.*

ZUTATEN
FÜR 4 PERSONEN

+ **200 g Erdbeeren**
+ **3 EL Erdbeerkonfitüre**
+ **abgeriebene Schale und Saft von 1 Bio-Limette**
+ **100 g Mehl**
+ **80 g Zucker**
+ **80 g kalte Butter**
+ **1 Handvoll Marshmallows**
+ **1 Rolle Mürbeteig (aus dem Kühlregal)**
+ **Butter und Mehl für die Form**

CROISSANT-SCHEITERHAUFEN
MIT ZIMTÄPFELN

ZUBEREITUNG
🥄 25 MIN. ⏱ 20 MIN.

01. Für den Scheiterhaufen den Backofen auf 180 °C vorheizen. Die Croissants in gleichmäßige Stücke zerzupfen und in eine mit Butter gefettete Auflaufform (etwa 20 × 30 cm) geben. Milch, Sahne, Eier, Eigelbe, Zucker, Vanillezucker, Rum und 1 Prise Salz verrühren. Die Eiermilch über die Croissants gießen. Den Scheiterhaufen im Ofen auf der mittleren Schiene etwa 20 Minuten goldbraun backen.

02. Für die Zimtäpfel die Äpfel vierteln, schälen und die Kerngehäuse entfernen. Die Viertel in Stücke oder Spalten schneiden. Die Butter in einer Pfanne erhitzen, Zucker und Zimtstange unterrühren. Die Äpfel darin unter Rühren leicht karamellisieren. Mit dem Calvados ablöschen und einkochen lassen.

03. Die Zitrone heiß waschen und trocken reiben, die Schale fein abreiben und den Saft auspressen. Zitronenschale, -saft und Apfelsaft unter die Äpfel mischen. Zum Schluss die Butter unterrühren.

04. Den Scheiterhaufen mit Puderzucker bestäuben und mit den Zimtäpfeln servieren.

💡 *Calvados ist französischer Apfelbranntwein. Wer die Zimtäpfel alkoholfrei zubereiten möchte, nimmt einfach ein bisschen mehr Apfelsaft.*

**ZUTATEN
FÜR 4 PERSONEN**

FÜR DEN SCHEITERHAUFEN:
+ **5 Croissants**
+ **Butter für die Form**
+ **½ l Milch**
+ **80 g Sahne**
+ **2 Eier**
+ **3 Eigelb**
+ **150 g Zucker**
+ **1 Pck. Vanillezucker**
+ **1 Spritzer Rum**
+ **Salz**
+ **Puderzucker zum Bestäuben**

FÜR DIE ZIMT-ÄPFEL:
+ **2 Äpfel (z.B. Boskop, Pink Lady)**
+ **50 g Butter**
+ **70 g Zucker**
+ **½ Zimtstange**
+ **1 Spritzer Calvados**
+ **1 Bio-Zitrone**
+ **100 ml Apfelsaft**
+ **1 EL Butter**

SÜSSER BRÖTCHENAUFLAUF
MIT KIRSCHEN

ZUBEREITUNG
🥄 20 MIN.   ⏱ 10 MIN. + 1 STD. 15 MIN. BACKEN

01. Die Brötchen etwa 10 Minuten in Wasser einweichen. Eine ofenfeste Auflaufform mit Butter einfetten. Die Kirschen waschen und entsteinen, die Eier trennen und die Eiweiße zu steifem Schnee schlagen.

02. Den Backofen auf 180 °C vorheizen. Die Brötchen ausdrücken und in Stücke zupfen. Butter mit Zucker und Eigelben schaumig rühren. Brötchen, Zimt, Kardamom und Kirschwasser unterrühren, dann den Eischnee unterheben. Die Teigmasse in der Form verteilen und die Kirschen daraufstreuen.

03. Den Brötchenauflauf im Ofen auf der mittleren Schiene etwa 1¼ Stunden backen. Herausnehmen, etwas abkühlen lassen und nach Belieben mit Puderzucker bestäuben oder mit karamellisierten Walnüssen oder Krokant garnieren.

⭐ *Besonders lecker schmeckt dazu eine Portion Walnusseis oder zusätzlich etwas Kirschkompott.*

ZUTATEN
FÜR 4 PERSONEN

+ **6 Brötchen (vom Vortag)**
+ **Butter für die Form**
+ **1 kg Kirschen**
+ **3 Eier**
+ **80 g Butter**
+ **125 g Zucker**
+ **1 TL Zimtpulver**
+ **1 Msp. Kardamompulver**
+ **2 EL Kirschwasser**
+ **Puderzucker zum Bestäuben**
+ **gehackte karamellisierte Walnüsse oder Krokant (nach Belieben)**

SÜSSE TOPPINGS

Mit Pumpernickel

40 g Pumpernickel zerbröckeln und mit
4 EL Mehl und 50 g Zucker im Mixer fein zerkleinern. Mit 30 g gehackten Walnusskernen
mischen und mit 40 g kalter Butter (in Stückchen) zu einer bröseligen Masse verkneten.
Bei 180 °C 10 bis 15 Minuten mitbacken.

Mit Pistazien

40 g Pistazienkerne grob hacken und mit
5 EL Mehl, 2 EL Honig, 1 EL abgeriebene
Bio-Orangenschale vermischen. Mit 40 g zerlassener Butter zu einer bröseligen Masse
vermischen. Bei 180 bis 200 °C 10 bis 15 Minuten mitbacken. Die Pistazien können auch
durch Macadamianüsse ersetzt werden.

Mit Amarettini

40 g Amarettini im Mixer fein zerbröseln.
Mit 3 EL gehackten Mandeln, 1 EL braunem
Zucker und 1 TL Kakaopulver mischen. Mit
30 g zerlassener Butter zu einer bröseligen
Masse vermischen. Bei 180 bis 200 °C 5 bis
10 Minuten mitbacken.

Mit Kokosraspeln

3 EL Kokosraspel mit 6 EL Dinkelmehl,
2 EL Kokosblütenzucker (alternativ brauner
Zucker) und der abgeriebenen Schale von
½ Bio-Limette mischen. Mit 50 g kalter
Butter (in Stückchen) zu einer bröseligen
Masse verkneten. Bei 180 °C 10 bis 15 Minuten mitbacken.

Mit Vollmilchschokolade

40 g kernige Haferflocken, 30 g Mehl, 1 EL
Kakaopulver, 1 EL Zucker, 1 Prise Salz und

25 g klein gehackte Schokolade vermischen.
35 g kalte Butter (in Stückchen) dazugeben
und zu einer bröseligen Masse verkneten.
Bei 180 °C 10 bis 15 Minuten mitbacken.

SÜSSE BEGLEITER

Kompott

Für ein Kompott 500 g Beeren nach Wahl
verlesen, waschen und trocken tupfen oder
putzen. Die Beeren mit 100 ml Johannisbeer-
saft und 2 EL Zucker in einem Topf aufkochen und 5 Minuten köcheln lassen. Gele-
gentlich umrühren. 50 g Rosinen unter das
Kompott rühren und alles abkühlen lassen.
Sollte das Kompott noch zu flüssig sein,
kann man es mit etwas mit Wasser verrührter
Speisestärke andicken.

Schnelle Vanillesauce

1 Vanilleschote längs aufschneiden und das
Mark mit einem spitzen Messer herauskratzen. Vanilleschote und -mark mit 150 ml
Milch, 100 g Sahne und 50 g Zucker in einem
Topf aufkochen. Die Vanilleschote entfernen
und 3 Eier unter ständigem Rühren zur Va-
nille-Sahne-Milch hinzufügen. So lange rühren, bis die Vanillesauce anfängt zu binden.

Gesund on top: Hanfsamen

Ein ganz besonderer Begleiter: geschälte Hanf-
samen. Einfach vor dem Servieren über das
Kompott oder die Vanillesauce streuen. Mit
den vielen essenziellen Amino- und Fett-
säuren und dem leicht nussigen Geschmack
erhält man ein gesundes, leckeres Topping.

HAFERFLOCKEN-ERDBEER-QUARK-PUDDING
MIT RHABARBER

ZUBEREITUNG
🍴 30 MIN. ⏱ 1 STD. 10 MIN.

01. Die Butter in einem Topf so lange schmelzen, bis sie goldbraun ist. Die Milch mit 1 Prise Salz erwärmen und die braune Butter unterrühren. Die Haferflocken in einer Schüssel mit der Milchmischung übergießen und 10 Minuten quellen lassen.

02. Den Backofen auf 160 °C Umluft vorheizen. Die Erdbeeren waschen, putzen und in 1 cm breite Spalten schneiden. Den Rhabarber putzen, schälen und in 1 cm große Stücke schneiden. Die Eier trennen und die Eiweiße mit dem Zucker zu einem steifen Schnee schlagen, bis sich der Zucker aufgelöst hat. Den Quark in einer Schüssel mit Mehl und Eigelben verrühren, dann die Haferflocken untermischen. Zuerst den Eischnee, dann die Erdbeeren mit dem Rhabarber unter die Quarkmasse heben.

03. Vier kleine, ofenfeste Auflaufförmchen (etwa 10 cm Ø) mit Butter einfetten und mit Zucker ausstreuen. Die Quarkmasse in die Förmchen füllen. In einen weiten Topf etwa 1 cm hoch Wasser füllen und die Förmchen hineinstellen. Den Topf zugedeckt in den Backofen stellen und die Quarkmasse etwa 1 Stunde stocken lassen.

04. Den Haferflocken-Erdbeer-Quark-Pudding lauwarm abkühlen lassen, nach Belieben mit Puderzucker bestäuben und mit Erdbeeren garniert servieren.

ZUTATEN
FÜR 4 PERSONEN

+ **75 g Butter**
+ **¼ l Milch**
+ **Salz**
+ **250 g Haferflocken**
+ **8 Erdbeeren**
+ **½ Stange Rhabarber**
+ **4 Eier**
+ **150 g Zucker**
+ **250 g Speisequark (20 % Fett)**
+ **2 EL Mehl**
+ **Butter und Zucker für die Formen**
+ **Erdbeeren und Puderzucker zum Garnieren**

APFEL-QUARK-AUFLAUF
MIT DINKELGRIESS

ZUBEREITUNG
🥄 **25 MIN.**   ⏱ **30 MIN.**

01. Die Äpfel waschen, vierteln, dabei entkernen und in kleine Würfel schneiden. In einem Topf 20 g Rohrohrzucker mit Apfelsaft, Zimt- und Ingwerpulver aufkochen. Die Apfelwürfel dazugeben und zugedeckt bei mittlerer Hitze etwa 5 Minuten dünsten. Vom Herd nehmen.

02. Den Backofen auf 180 °C vorheizen. Die Eier trennen. Die Eigelbe mit der Butter, übrigem Zucker und Zitronenschale mit den Quirlen des Handrührgeräts cremig rühren. Quark, Grieß und Backpulver unterrühren. Das Eiweiß mit 1 Prise Salz zu steifem Schnee schlagen und unter den Quark heben.

03. Eine kleine Auflaufform mit Butter einfetten, das Apfelkompott hineingeben. Die Quarkmasse obendrauf verteilen und den Auflauf im heißen Ofen auf der mittleren Schiene 25 bis 30 Minuten backen. Die Mandelblättchen etwa 10 Minuten vor Backzeitende daraufstreuen.

🔄 *Man kann nach Belieben den Dinkelgrieß auch durch Weizengrieß ersetzen.*

ZUTATEN
FÜR 2 PERSONEN

+ **2 kleine Äpfel**
  (z.B. Elstar; ca. 200 g)
+ **40 g Rohrohrzucker**
+ **3 EL Apfelsaft**
+ **¼ TL Zimtpulver**
+ **¼ TL Ingwerpulver**
+ **2 Eier (Größe M)**
+ **1 EL weiche Butter**
  + etwas für die Form
+ **¼ TL abgeriebene Bio-Zitronen-**
  schale
+ **200 g Magerquark**
+ **25 g Dinkelgrieß**
+ **½ TL Backpulver**
+ **Salz**
+ **2 EL Mandelblättchen**

KOKOS-MÜSLI-GRATIN
MIT BEEREN UND APRIKOSEN

ZUBEREITUNG
🍶 15 MIN. ⏱ 30 MIN.

01. Die Haferflocken mit Kokosraspeln, Backpulver und 1 Prise Salz gut vermischen.

02. Die Aprikosen waschen, halbieren und entsteinen. Die Aprikosenhälften in schmale Spalten schneiden. Die Heidelbeeren verlesen, waschen und trocken tupfen. Den Backofen auf 175 °C vorheizen.

03. Die Hälfte des Hafermixes in einer flachen Auflaufform (etwa 15 × 20 cm) verteilen und zu einem Boden andrücken. Aprikosen und Heidelbeeren gleichmäßig daraufgeben. Den restlichen Hafermix darauf verteilen.

04. Milch, Ei und Honig verquirlen. Die Mischung über das Gratin gießen. Die Butter in Flöckchen darauf verteilen.

05. Das Gratin im Ofen auf der mittleren Schiene etwa 30 Minuten goldbraun backen.

ZUTATEN
FÜR 4 PERSONEN

+ **80 g zarte Haferflocken**
+ **20 g Kokosraspel**
+ **½ TL Backpulver**
+ **Salz**
+ **200 g Aprikosen**
+ **50 g Heidelbeeren**
+ **200 ml Milch**
+ **1 Ei (Größe S)**
+ **1 EL Honig**
+ **2 TL Butter**

🔄 *Das Kokos-Müsli-Gratin schmeckt auch mit anderen Früchten, wie Zwetschgen, Pfirsichen, Himbeeren oder Erdbeeren. Probieren Sie es einfach aus und finden Sie Ihre Lieblingskombination!*

SOUFFLÉ
MIT HIMBEERSAUCE

ZUBEREITUNG
🌿 25 MIN. ⏱ 20 MIN.

01. Die Milch in einen Topf geben. Zitrone und Orange heiß abwaschen, abtrocknen, die Schalen dünn abreiben und in die Milch geben. Die Vanilleschote längs aufschneiden, das Mark mit dem Messerrücken herauskratzen und Vanillemark und -schote hinzufügen.

02. Vanille-Zitrus-Milch auf dem Herd einmal aufkochen, beiseitestellen und abkühlen lassen. Vier Souffléförmchen mit weicher Butter einfetten, mit Zucker ausstreuen und kühl stellen. Den Backofen auf 200 °C vorheizen.

03. Die abgekühlte Vanillemilch durch ein Sieb gießen. Die Butter in einem kleinen Topf zerlassen, das Mehl einstreuen und mit einem Schneebesen unterrühren. Die Vanillemilch nach und nach zur Mehlschwitze gießen, dabei zügig weiterrühren und etwa 1½ Minuten weiterköcheln lassen.

04. Die Masse in eine Schüssel umfüllen. Die Eier trennen und die Eigelbe nacheinander mit der Masse verrühren. Das Eiweiß mit 1 Prise Salz steif schlagen, dabei den Zucker nach und nach einrieseln lassen.

05. Den Eischnee vorsichtig in 2 bis 3 Portionen unter die Eigelbmasse heben. Die Soufflémasse bis kurz unter den Rand in die Förmchen füllen und im Ofen auf der untersten Schiene etwa 20 Minuten backen.

06. Inzwischen für die Himbeersauce 150 g Himbeeren mit dem Zucker in einem Topf unter Rühren aufkochen lassen. Durch ein Sieb passieren und mit einem Spritzer Zitronensaft sowie 100 g ganzen Himbeeren verrühren.

07. Die Soufflés aus dem Ofen nehmen, nach Belieben mit Puderzucker betreuen und mit der Himbeersauce servieren.

ZUTATEN
FÜR 4 PERSONEN

FÜR DIE SOUFFLÉS:
+ **200 ml Milch**
+ **1 Bio-Zitrone (unbehandelt)**
+ **1 Bio-Orange (unbehandelt)**
+ **½ Vanilleschote**
+ **etwas Butter (zimmerwarm) und Zucker für die Form**
+ **50 g Butter**
+ **50 g Weizenmehl**
+ **4 Eier (Größe M)**
+ **Salz**
+ **75 g Zucker**
+ **Puderzucker (nach Belieben)**

FÜR DIE HIMBEERSAUCE:
+ **250 g frische oder TK-Himbeeren**
+ **80 g Zucker**
+ **etwas Zitronensaft**

GRATINIERTE ERDBEEREN
MIT MANDELSABAYON

ZUBEREITUNG
🥄 20 MIN. ⏱ 15 MIN.

01. Die Eigelbe mit dem Zucker in einer Metallschüssel über dem heißen Wasserbad hellcremig aufschlagen. Den Mandelsirup in einem dünnen Strahl dazugießen.

02. Den Backofen auf 200 °C vorheizen.

03. Die Erdbeeren waschen und putzen. Große Beeren halbieren. Die Erdbeeren in eine kleine, ofenfeste Form füllen und die Eigelb-Zucker-Mandelsirup-Mischung unterheben.

04. Den Auflauf im Ofen etwa 15 Minuten überbacken. Herausnehmen und die Pistazien darüberstreuen.

⭐ *Mit Erdbeeren und Mandelsirup ist diese Nachspeise das ideale Sommerdessert! Man kann die zwei Hauptzutaten aber auch ganz individuell und nach dem eigenen Geschmack verändern. So eignen sich, wenn die Erdbeersaison vorbei ist, Birnen statt Erdbeeren und der Mandelsirup lässt sich durch Haselnusssirup ersetzen.*

ZUTATEN
FÜR 5 PERSONEN

+ **10 Eigelb**
+ **50 g Zucker**
+ **20 g Mandelsirup**
+ **400 g Erdbeeren**
+ **50 g gehackte Pistazien**

KOKOS-AUFLAUF
MIT EXOTISCHEM FRUCHTSALAT

ZUBEREITUNG
🌱 30 MIN.   ⏱ 20 MIN.

01. Den Backofen auf 180 °C vorheizen.

02. Für den Auflauf die Kokosnüsse gleichmäßig, möglichst in der Mitte, mit einem Hammer aufbrechen. Dafür die Nuss in der Hand halten und während des Aufbrechens drehen, bis sich eine Sollbruchstelle ergibt, an der man die Nuss öffnen kann. Das Fruchtfleisch vorsichtig herauslösen, ohne die Schale zu zerbrechen. Die Schalen mindestens 20 Minuten wässern. Das Fruchtfleisch zu groben Spänen reiben.

03. Butter und Zucker mehrere Minuten schaumig aufschlagen. Joghurt, Kokossirup und Eier dazugeben und alles gut verrühren. Das Mehl darübersieben, Backpulver und ¾ der Kokosspäne dazugeben und alle Zutaten zu einem cremigen Teig verarbeiten.

04. Den Teig auf die vier gewässerten Kokosnusshälften verteilen und im Ofen auf der mittleren Schiene 15 bis 20 Minuten backen.

05. Für den exotischen Fruchtsalat die Früchte je nach Sorte putzen und waschen oder schälen und in gleich große Stücke schneiden. In eine Schüssel geben. Die Passionsfrucht halbieren und das Mark mit dem Honig unter die Fruchtstücke rühren. Nach Belieben den Fruchtsalat mit Zitronenmelisse garnieren.

06. Zum Servieren die restlichen Kokosspäne auf die Aufläufe verteilen und den exotischen Fruchtsalat dazu reichen.

💡 *Wer keine frischen Kokosnüsse zur Hand hat, kann auch 200 g gekaufte Kokosraspel verwenden und den Auflauf in kleinen Auflauf- oder Souffléförmchen zubereiten.*

ZUTATEN
FÜR 4 PERSONEN

FÜR DEN AUFLAUF:
+ 2 Kokosnüsse
+ 100 g zimmerwarme Butter
+ 150 g Zucker
+ 100 g griechischer Joghurt
+ 4 EL Kokossirup
+ 2 Eier
+ 100 g Mehl
+ 1 TL Backpulver
+ abgeriebene Späne von
  1 ½ Kokosnüssen

FÜR DIE FRÜCHTE:
+ 300 g gemischte exotische
  Früchte (z. B. Ananas, Papaya,
  Physalis, Mango, Melone)
+ 1 Passionsfrucht
+ 2 EL Honig
+ einige Zitronenmelisseblätter
  (nach Belieben)

REZEPTREGISTER

A

+ Apfel-Quark-Auflauf mit Dinkelgrieß **76**
+ Auberginenauflauf mit Parmesan und Mozzarella **18**
+ Auflauf mit Schweinefilet und Speck **46**

B

BEEREN

Bettelmann mit Äpfeln und Himbeeren **62**
Erdbeer-Crumble mit Marshmallows **66**
Gratinierte Erdbeeren mit Mandelsabayon **82**
Haferflocken-Erdbeer-Quark-Pudding mit Rhabarber **74**
Heidelbeer-Birnen-Crumble mit Chiasamen und Sekt **64**
Kokos-Müsli-Gratin mit Beeren und Aprikosen **78**
Soufflé mit Himbeersauce **80**

+ Bettelmann mit Äpfeln und Himbeeren **62**

C/E

CHEDDAR

Fisch-Pie mit Crème fraîche **54**
Käse-Zwiebel-Auflauf mit Quark **26**
Rote-Bete-Steckrüben-Auflauf mit Apfel und Cheddar **10**

+ Croissant-Scheiterhaufen mit Zimtäpfeln **68**
+ Erdbeer-Crumble mit Marshmallows **66**

F/G

+ Fisch-Pie mit Crème fraîche **54**
+ Gemüse-Thunfisch-Auflauf mit Nudeln **56**
+ Gemüsegratin mit Käse-Nuss-Kruste **30**

GORGONZOLA

Hirseauflauf mit Mangold **21**
Kürbis-Gratin mit Käsecreme **22**
Nudelauflauf mit Blattspinat **36**

+ Gratinierte Erdbeeren mit Mandelsabayon **82**
+ Gratinierte Gnocchi mit Räucherlachs **52**
+ Gratiniertes Welsfilet mit Kartoffeln und Apfel **58**
+ Grüne Lasagne mit Walnusshaube **16**

H

+ Hackfleischbällchen-Auflaufmit Kartoffeln **38**
+ Haferflocken-Erdbeer-Quark-Pudding mit Rhabarber **74**
+ Heidelbeer-Birnen-Crumble mit Chiasamen und Sekt **64**
+ Hirseauflauf mit Mangold **21**

K

+ Kartoffelauflauf mit buntem Gemüse **20**
+ Kartoffelauflauf mit Speck **34**
+ Kartoffel-Kabeljau-Auflauf mit Weißwein **50**
+ Käse-Zwiebel-Auflauf mit Quark **26**
+ Kokos-Auflauf mit exotischem Fruchtsalat **84**
+ Kokos-Müsli-Gratin mit Beeren und Aprikosen **78**
+ Kürbisgratin mit Käsecreme **22**

L

LAUCH

Fisch-Pie mit Crème fraîche **54**
Gratiniertes Welsfi.et mit Kartoffeln und
Apfel **58**
Kartoffelauflauf mit Speck **34**
Kürbisgratin mit Käsecreme **22**
Tomaten-Pfifferling-Gratin mit Knusper-
kruste **14**

M

+ Mexikanischer Hähnchen-Reis-Auflauf mit
Jalapenos **48**

MÖHREN

Gemüse-Thunfisch-Auflauf mit Nudeln **56**
Gratiniertes Welsfilet mit Kartoffeln und
Apfel **58**
Kartoffelauflauf mit Speck **34**
Käse-Zwiebel-Auflauf mit Quark **26**
Shepherd's Pie mit Mais und Erbsen **40**
Winterlasagne mit Taleggio und Rosenkohl **24**

N/R

+ Nudelauflauf mit Blattspinat **36**
+ Rosenkohl-Hack-Auflauf mit Quark **42**
+ Rote-Bete-Steckrüben-Auflauf mit Apfel und
Cheddar **10**

S/T

+ Shakshuka mit Zimt **12**
+ Shepherd's Pie mit Mais und Erbsen **40**
+ Soufflé mit Himbeersauce **80**
+ Spinatlasagne mit Zucchini **8**
+ Süßer Brötchenauflauf mit Kirschen **70**
+ Tomaten-Pfifferling-Gratin mit Knusper-
kruste **14**

W

+ Winterlasagne mit Taleggio und Rosenkohl **24**
+ Wirsingauflauf mit Mandelstiften **28**

Z

ZUCCHINI

Grüne Lasagne mit Walnusshaube **16**
Kartoffelauflauf mit buntem Gemüse **20**
Spinatlasagne mit Zucchini **8**

IMPRESSUM

© ZS VERLAG GmbH
Kaiserstraße 14 b
D–80801 München

ISBN 978-3-96584-051-5
1. Auflage 2020

Projektleitung: Isabella Thiel, Friederike Wanzner
Lektorat: ZS Team
Grafik Design & Artdirection: Seidldesign
Grafik & Satz: Irene Schulz
Herstellung: Frank Jansen
Producing: Jan Russok
Druck & Bindung: optimal media GmbH, Röbel

Kurze Wege schonen die Umwelt
Dieses Buch wurde in Deutschland gedruckt

Die ZS Verlag GmbH ist ein Unternehmen der Edel SE & Co. KGaA, Hamburg.
www.zsverlag.de | www.facebook.com/zsverlag

BILDNACHWEIS

Umschlag: A. Schütz: vorn; M. Neubauer: hinten (l.), Fotostudio Diercks: hinten (M.), W. Schardt: hinten (r.)
Innenteil: M. Bergmann: 59; S. Braun: 25, 75; W. Cimbal: 23; Eising Studio: 29; Fotos mit Geschmack (S. Mader &
U. Schmid): 31; Fotostudio Diercks: 53, 81; C. Gödke: 15, 47; J. Hoersch: 37; A. Kramp/B. Gölling: 35, 43, 51, 63, 71;
C. Lang: 79; M. Neubauer: 11, 13, 17, 67, 83, 85; S. Neufing: 39; W. Schardt: 19, 65, 69; A. Schütz: 9; T. Suedfels: 20/21;
C. Timman: 77
STOCKFOOD: G. Morgans: 27, 41, 57; New Life Media: 49; M. Smend: 55

HINWEISE ZU DEN REZEPTEN

Zubereitungszeit: Alle Rezepte haben eine kurze Zubereitungszeit. Bitte beachten Sie jedoch bei der Planung auch
die angegebenen Back- und Kühlzeiten, die evtl. noch hinzukommen.
Backofentemperatur: Wenn nicht anders angegeben, beziehen sich die Temperaturangaben auf die Einstellung Ober-/
Unterhitze. Berücksichtigen Sie außerdem die Eigenschaften Ihres Backofens, denn jeder Backofen bäckt anders.

Easy Auswahl ...

ISBN 978-3-96584-054-6

ISBN 978-3-96584-052-2

ISBN 978-3-96584-053-9

30 Minuten Küche
ISBN 978-3-96584-015-7

Leicht & schnell – Vegetarisch
ISBN 978-3-96584-014-0

Zuckerfrei
ISBN 978-3-96584-013-3

Homemade
ISBN 978-3-96584-012-6

Brote und Dips
ISBN 978-3-89883-943-3

1-Topf-Gerichte
ISBN 978-3-89883-944-0

Vom Blech
ISBN 978-3-89883-942-6

Geschenke aus der Küche
ISBN 978-3-89883-945-7

5-Zutaten-Küche
ISBN 978-3-89883-920-4

Leicht und schnell
ISBN 978-3-89883-923-5

Low Carb-Express
ISBN 978-3-89883-921-1

Lunchbox Express
ISBN 978-3-89883-924-2

Schnelle Landküche
ISBN 978-3-89883-925-9

Smoothies, Shakes & Co.
ISBN 978-3-89883-922-8

Gleich weiterkochen!

**Jetzt überall,
wo es gute Bücher gibt.**

LÖFFELMENGEN (PRO GESTR. LÖFFEL)

Lebensmittel	EL	TL
Flüssigkeit	12 ml	5 ml
Backpulver	9 g	3 g
Butter	10 g	4 g
Crème fraîche	10 g	5 g
Gelatine, gemahlen	8 g	3 g
Grieß	8 g	3 g
Haferflocken	7 g	2 g
Haselnusskerne, gemahlen	5 g	2 g
Honig	15 g	6 g
Joghurt (3,5 % F.)	10 g	6 g
Käse, gerieben	5 g	3 g
Kaffee, gemahlen	4 g	2 g
Kaffee, löslich	3 g	1 g
Kakaopulver	5 g	2 g
Kondensmilch	14 g	6 g
Mandeln, gemahlen	5 g	3 g
Margarine	10 g	4 g

Lebensmittel	EL	TL
Mehl (Type 405)	7 g	3 g
Paprikapulver	6 g	2 g
Puderzucker	4 g	3 g
Reis	10 g	5 g
Salatmayonnaise	10 g	5 g
Salz	13 g	5 g
Sahne (30 % F.)	10 g	5 g
Saure Sahne (10 % F.)	10 g	6 g
Schwarzer Tee	4 g	2 g
Semmelbrösel	6 g	3 g
Senf	10 g	3 g
Speiseöl	10 g	4 g
Speisestärke	7 g	3 g
Tomatenketchup	12 g	5 g
Tomatenmark	12 g	5 g
Zimtpulver	4 g	2 g
Zucker	10 g	5 g